Der neue Sprachfuchs

Übungsbuch für das 4. Schuljahr

Kerstin Renatus
Gisela Everling
Michael Herbert
Klaus Lindner
Elke Schulz
Regina Tomaschewski
Sabine Trautmann

Ernst Klett Grundschulverlag
Leipzig Stuttgart Düsseldorf

Inhaltsverzeichnis

Thematik

Thematik

3. Rechtschreiben

Diese Zeichen werden verwendet:

 Zusatzaufgabe

 leichtere Aufgabe

 Merksatz

 Diktat

Mündlicher und schriftlicher Sprachgebrauch 1

- Wenn wir aufschreiben, was jemand sagt oder denkt, verwenden wir die **wörtliche Rede**.
  Bei einer **Bildbeschreibung** müssen wir das Bild genau betrachten.
  Es kommt darauf an, Wesentliches zu beschreiben, den Mittelpunkt herauszufinden, wichtige und unwichtige Einzelheiten zu unterscheiden und treffende Adjektive zu finden.

- Wenn wir eine **Geschichte zu einer Bildfolge** schreiben, müssen wir uns gut überlegen, was die Personen tun, warum sie so handeln und was sie äußern.
  Für den Schluß der Bildgeschichte sollten wir uns eine ganz besondere Pointe (Überraschungseffekt) ausdenken.
- In der **Einleitung** einer Geschichte steht, wie es zu dem erzählten Geschehen kommt und wer daran beteiligt ist.
  Im **Hauptteil** stellt der Erzähler nacheinander dar, was passiert.
  Am **Schluß** steht, wie die Geschichte zu Ende geht.
  Bei **Satzverknüpfungen** müssen wir die Satzanfänge abwechslungsreich gestalten. Auch in der Geschichte selbst sollten wir Wortwiederholungen vermeiden.

- Beim **Erzählen „lebendiger“ Geschichten** müssen wir folgendes vermeiden:
  - nichtssagende Überschriften
  - „und dann“
  - gleiche Wörter und gleichen Satzbau (Wiederholungen)

  Der Text wird „lebendiger“ durch Ausrufe und die wörtliche Rede.
- Bei **Phantasiegeschichten** müssen wir die Gedanken vorher ordnen, Stichwörter aufschreiben und in die richtige Reihenfolge bringen.

- **Erlebniserzählungen** sind besonders schwierig. Es ist günstig, nur über ein Erlebnis zu schreiben und dies ausführlicher zu tun.
  Eine **Einladung** muß enthalten:
  - die Anrede
  - die Art der Veranstaltung
  - das Datum
  - den Ort
  - den Zeitpunkt (Beginn, Ende)
  - den Gastgeber

- Beim **darstellenden Spiel** verwenden wir die wörtliche Rede.
  Wir sind Schauspieler, stellen eine Handlung dar und versetzen uns jeweils in die Figur, die wir spielen. Dabei können wir auch Kulissen, Kostüme und Requisiten (Theaterzubehör) verwenden.
- Kriterien zur **Textbeurteilung**:
  Verständlichkeit, Ausführlichkeit, Reihenfolge, Textaufbau, Spannung, Wortwahl, Satzbau, Satzanfänge, Zeitform, ...

1 Zurück aus den Ferien

zuerst danach
dann
schließlich
zum Schluß

Schwimmen, wandern ...

1. *Die Ferien sind vorüber. Sicherlich habt ihr viel erlebt. Wer möchte von seinen Erlebnissen erzählen? Damit jeder einmal an die Reihe kommt, solltet ihr euch ein Erlebnis aussuchen, das euch besonders gut gefallen hat.*
2. *Wenn du eine kleine Hilfe brauchst, kannst du die Satzanfänge vom Rand benutzen.*

Was macht ihr in der Freizeit am liebsten?

1. *Jeder schreibt drei Dinge auf, mit denen er sich in seiner Freizeit gern beschäftigt.*
2. *Welche Freizeitbeschäftigung wird in eurer Klasse am häufigsten genannt?*
3. *Befragt die Kinder anderer Klassen über ihre Freizeitbeschäftigungen. Fertigt eine Liste darüber an.*

Was gehört zur Freizeit?

4. *Welche Wörter fallen dir zum Thema „Freizeit" ein?*
   Dalli, dalli …
5. *Diese Wörter fielen Tim und Tina ein:*
   backen, basteln, lustig, Streit, baden, Wolke, Zeit, zaubern, singen, Meer, fröhlich, Angst, fliegen, malen, Film, boxen, Ziel, Berg, See, radfahren, reiten, Besuch, Fußball, Eisenbahn, Bach, klettern, lachen, kochen, spazieren, zwei, Kino, Bücherei, tanzen, Sonne, Burg, Straße, Spaß, lesen.
   Suche alle Verben heraus:
   backen, …
6. *Ordne die Verben nach dem Alphabet.*
7. *Ordne die Substantive nach dem Alphabet.*
   Schreibe sie mit dem Artikel auf:
   die Angst, …
8. *Wie fühlst du dich in der Freizeit:*
   lustig, vergnügt, fröhlich, traurig, … ?
   Schreibe Adjektive auf.

Dein Freizeitprogramm

Was möchtest du in den nächsten zwei Wochen alles unternehmen?

9. *Stelle dein Programm zusammen.*
   So kannst du beginnen:

Mein Freizeitprogramm

Wann?	Was?	Mit wem?	Wo/Wohin?
am 1.10.	Radtour	Rolf	zum See

1 Spielanleitung zum Geburtstagsfest

Ballonwerfen

Tim und Tina haben sich für eine Geburtstagsfeier Spiele ausgedacht und aufgeschrieben.
Hier ist eine der Spielanleitungen:
Auf ein großes Stück Pappe zeichnet ihr die Umrisse eurer Füße. Macht ein Loch hinein und zieht den Knoten eines Luftballons hindurch. Schreibt euren Namen auf die Füße. Dann werft ihr den Ballon, soweit ihr könnt.

1. *Ist dir völlig klar, wie dieses Spiel gespielt wird?*
   Schreibe Fragen auf, die du den beiden stellen möchtest.
2. *Schreibe die Spielanleitung neu auf, und formuliere genauer.*

Watteflockenblasen

Beim Aufschreiben dieses Spiels hat sich Tina keine Mühe gegeben. Ihre Stichpunkte sind völlig ungeordnet. Wirst du daraus noch schlau?

Watteflockenblasen

- Watteflocken auf Tischmitte legen
- Tore markieren, sind einander gegenüber
- vier Watteflocken, Klebestreifen, zwei leere Spülmittelflaschen
- Kommando
- Mitspieler hinter seinem Tor aufstellen
- zwei Mitspieler
- Tisch mit Klebestreifen in zwei Teile teilen
- die meisten Watteflocken im gegnerischen Tor: Sieger
- mit Hilfe der Spülmittelflaschen Watteflocken ins gegnerische Tor blasen

3. *Bringe die Stichpunkte in die richtige Reihenfolge.*
4. *Schreibe eine Spielanleitung.*
5. *Erfindet in Gruppen ein Spiel.*
   Schreibt eine Anleitung dazu.
   Nach dieser Anleitung sollen die anderen dann spielen.

Schema einer Spielanleitung
1. Vorbereitung
   Anzahl der Mitspieler
   Spielmaterial
   Spielfeld
   Aufstellung
2. Spielverlauf
   Beginn
   Aufgabe der Mitspieler
   Ziel des Spiels
   Besonderheiten
3. Spielende oder Ergebnis
   Schluß
   (Siegerin oder Sieger)

Wir vergleichen Dorf und Stadt

1

Dorf und Stadt

In meinem Dorf zu Hause,
bei uns hier auf dem Land,
da läßt es sich am besten leben.

In meinem Dorf zu Hause,
da trink ich frische Milch,
da kann ich auf dem Traktor fahren.

In meinem Dorf zu Hause,
da ist es still und grün,
da kann ich auf dem Dorfteich rudern.

In meinem Dorf zu Hause,
da haben wir es gut,
da kann man in den Feldern spielen.

In meinem Dorf zu Hause,
da brauchen wir keinen Zoo,
da laufen Tiere, wo sie wollen.

In meinem Dorf zu Hause,
da warten wir auf dich,
da wird es dir sehr gut gefallen.

In meiner großen Stadt,
die viele Autos hat,
da finde ich es schön,
das müßtest du mal sehn.

In meiner großen Stadt,
die einen großen Hafen hat,
kannst du am Ufer stehn
und viele Dampfer sehn.

In meiner großen Stadt,
die einen Flugplatz hat,
da kommen von weit her
Flugzeuge übers Meer.

In meiner großen Stadt,
die einen Tierpark hat,
kann man, und das ist schön,
seltene Tiere sehn.

Und wenn du Ferien hast,
dann komm und sei mein Gast,
dann kannst du mit mir gehn
und dir die Stadt ansehn.

Jochen Krüger

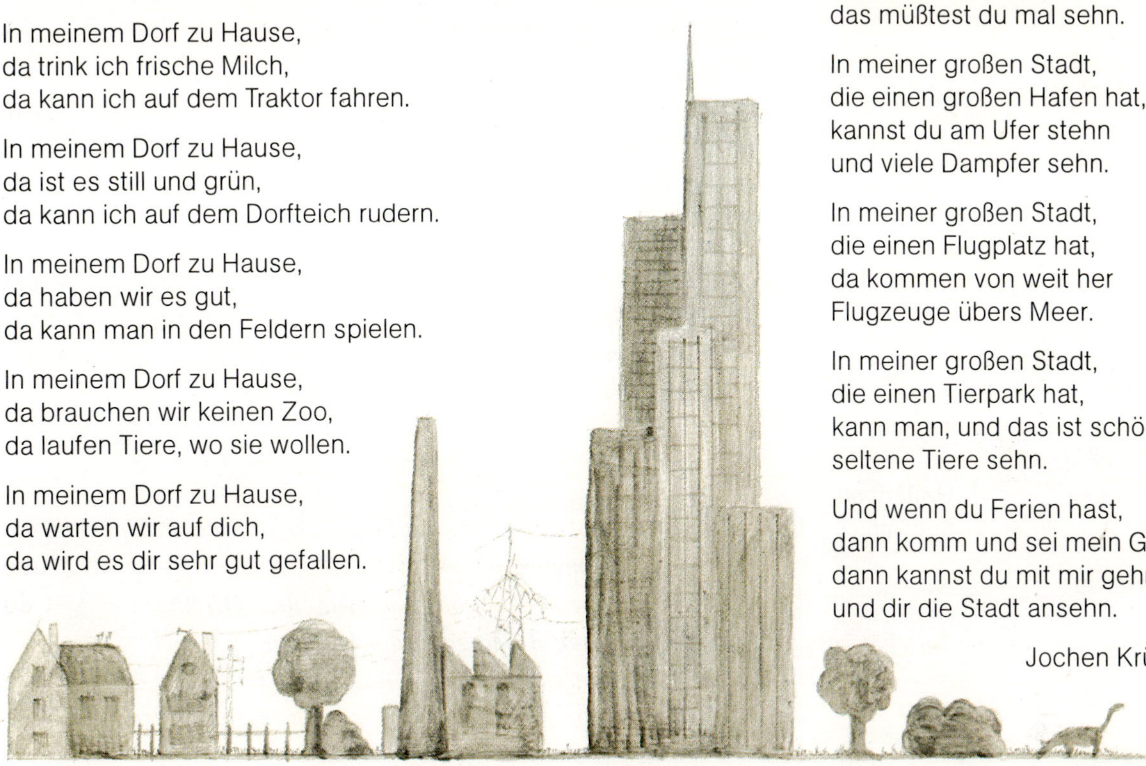

1. *Bildet zwei Gruppen. Im Wechsel spricht die eine Gruppe das Gedicht über das Dorf, die andere das Gedicht über die Stadt.*
2. *Ihr könnt die beiden Gedichte fortsetzen:*
   Was fällt euch noch über das Dorf ein, was über die Stadt?
   Wald, frisches Obst, Gemüse, gute Luft, ...
   Kinos, Autos, Bahnhof, Supermärkte, ...
3. *Vergleiche Dorf und Stadt miteinander:*
   Dorf: eine Kirche, ein Schulhaus, eine Bücherei, eine große Straße, ...
   Stadt: mehrere Kirchen, mehrere Schulen, mehrere Büchereien, viele große Straßen, größere Häuser, ...
4. *Welche Häuser gibt es im Dorf?*
   Welche in der Stadt?
   Setze die Substantive vom Rand zusammen.
   Schreibe die Substantive mit den bestimmten Artikeln in der Einzahl (Singular) und in der Mehrzahl (Plural) auf.

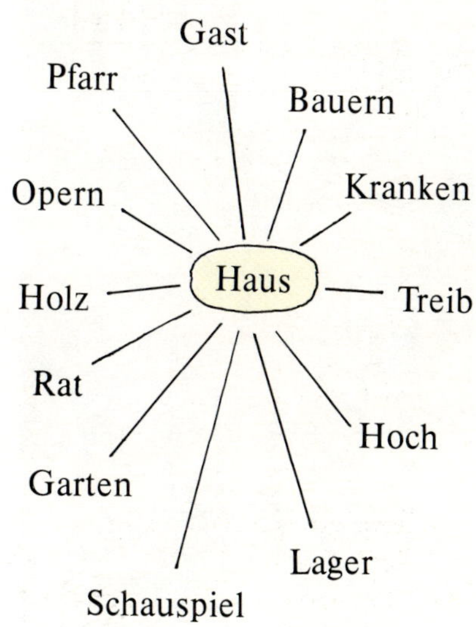

1 Unsere Heimat

Kennst du deine Heimat?

Ist die Gegend bei euch eben oder gebirgig
(flach, wellig, hügelig, bergig, ...)?
Sind die Berge hoch oder niedrig
(steil, bewachsen, kahl, ...)?
Ist das Tal eng oder weit
(breit, gerade, gewunden, ...)?
Gibt es bei euch Wald
(klein, groß, dunkel, hell, ...)?

1. *Schreibe auf:*
   Wir wohnen in einer ... Gegend.
2. *Welche Sehenswürdigkeiten gibt es in eurer Umgebung? Sieh in der Kreiskarte nach, wie man die Namen schreibt. Trage sie dann in solch eine Übersicht ein:*

Ortschaften	*Berge*	*Gewässer*	*Sehenswürdigkeiten*
...	...	...	...

Kirchen · Theater
Schlösser · ...
Burgen · Hallenbad
... · Sportplatz

3. *Macht eine Ausstellung mit Fotos, Postkarten, Prospekten, ... von eurer Umgebung.*
4. *Denkt euch einen Werbespruch für euren Ort aus.*
5. *Schreibe einen Aufsatz mit der Überschrift:*
   Ich zeige einem Fremden unsere Stadt / unser Dorf
   Denke daran, daß der Besucher auch essen und trinken will.

Mein Lieblingsplatz

Jeder von euch hat einen Platz, an dem er sich besonders wohlfühlt und der besonders wichtig für ihn ist.

6. *Jeder malt ein Bild von seinem Lieblingsplatz und läßt die anderen raten.*
7. *Erzähle zu deinem Bild:*
   Wo ist der Platz?
   Wie groß ist er?
   Wie fühlst du dich dort?
   Ist es dort hell oder eher dunkel?
   Fühlst du dich dort sicher, oder ist es ein bißchen unheimlich?
8. *Nun beschreibt jeder seinen Lieblingsplatz möglichst genau. Schreibe auf, wie man dort hinkommt. Was sieht man dort alles?*
9. *Lies deinen Text vor. Die anderen prüfen, ob du die Hinweise von Aufgabe 7 und 8 beachtet hast.*

Sagen und Geschichten aus unserer Umgebung 1

Die Geisterbrücke

Durch ein enges und tiefes Tal floß ein reißender Fluß. Die Bewohner des Tales beschlossen, eine Brücke über diesen Fluß zu bauen. Ein junger Baumeister entwarf den Plan. Die Brücke sollte in einem hohen Bogen die beiden Talseiten miteinander verbinden.
Schon bald wurde mit dem Bau der Brücke begonnen. Als nur noch das Mittelstück fehlte, bekamen die Maurer und Steinmetze Angst. Sie trauten sich nicht, hoch über dem Wasser die schweren Steinblöcke in das letzte Bogenstück einzusetzen. Das bemerkte ein Wassergeist, der in einer nahen Felsenhöhle hauste und der den Menschen manchmal half und ihnen manchmal auch schadete. Er versprach, die Brücke fertigzubauen. Aber er stellte eine Bedingung: Das erste Lebewesen, das über die Brücke ging, sollte ihm gehören. Der Baumeister überlegte kurz und ging dann auf den Handel ein.

1. *Die Bewohner des Tales freuten sich noch lange an ihrer Brücke, denn der Baumeister war klüger als der Wassergeist. Denke dir aus, wie er den Handel gewonnen hat.*
2. *Sammelt Sagen und Geschichten aus eurer Umgebung, die von einem besonderen Ort oder einer Person erzählen.*

Am Fluß

Unsere Stadt liegt am Fluß. Eine breite Straße führt neben dem Wasser her.
Wir haben drei Brücken, über die man gehen oder fahren kann. So kommt man auf die andere Seite. Dort fährt die Bahn. Bei der Stadt liegt ein hoher Berg. Mit Bussen kann man bequem bis zum Gasthaus hinauffahren.
Im Sommer sind dort eine Menge Gäste, außerdem viele Schulklassen. Wenn ich dort oben stehe, sieht der Fluß für mich aus wie ein dünner Weg. Die Schiffe im Wasser, die Autos und die Häuser sehen aus, als könnte man mit ihnen spielen. Die Schule, die Kirche, die Züge: Alles würde zu meiner Eisenbahn passen.

3. *Übe die unterstrichenen Wörter.*
4. *Welche Wörter sind für dich noch schwierig zu schreiben? Übe sie auch besonders gut.*
5. *Partnerdiktat.*

Sagen sind legendäre Geschichten, die wahr oder erfunden sind. Sie werden von Generation zu Generation weitererzählt.

Till beim Bauern

Wißt ihr noch, wie Till eimal Eulen und Meerkatzen gebacken hat?
Bald darauf wollte er die Landwirtschaft kennenlernen und ging deshalb zum Bauern Heinrich. Gleich am ersten Tag sagte der Bauer zu Till: „Wir haben hier viel Arbeit. Deshalb gehen wir mit den Hühnern zu Bett.“ Till meinte: „Das will ich dann auch tun.“ Bauer Heinrich war zufrieden.
Gegen Abend, die Bäuerin schlief schon, und der Bauer legte sich gerade in sein Bett, hörte man aus Tills Zimmer seltsame Geräusche. ...

1. *Könnt ihr euch denken, wie die Geschichte weitergeht?*
2. *Was hat der Bauer wohl als nächstes zu Till gesagt? Was hat Till darauf geantwortet?*
3. *Zwei von euch können die Geschichte auch spielen.*

Eulenspiegelgeschichten

Bauer Heinrich flüstert Till zu: „Heute abend wollen wir meine Frau einmal tüchtig auf den Arm nehmen.“
Ein Handwerksbursche sagt zu Till: „Machst du mit? Wir führen den Meister an der Nase herum.“

4. *Suche dir eine der beiden Redensarten aus, nimm sie wie Till wörtlich, und schreibe eine Geschichte dazu.*
5. *Male ein Bild zu deiner Geschichte.*
6. *Was bedeuten die Redensarten wirklich? Schreibe auf.*

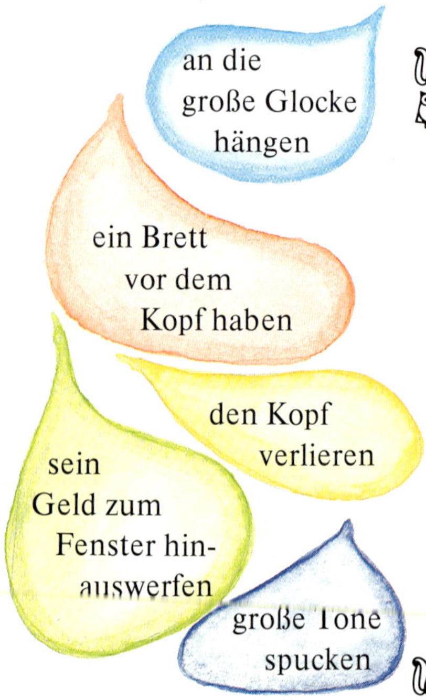

Welche Redensart paßt dazu?

Bernd hat eine schlechte Note bekommen. Stefan ist schadenfroh und erzählt es überall. Tina sagt zu Stefan: „Das brauchst du nicht ...“
Claudia erklärt ihrem Bruder Stefan die Aufgabe immer wieder. Stefan versteht sie nicht. Claudia wird ärgerlich: „Sag mal, hast du ...?“
Christian hat sich schon wieder eine Kassette gekauft. Dabei hat er schon so viele. Tim sagt zu Tina: „Ich finde, der Christian ...“

7. *Lies die Sprechblasen. Ergänze die Texte.*
8. *Denke dir passende Texte zu den übrigen Redensarten aus.*

① 

② 

③ 

⑥ 

⑤ 

④ 

Taschengeld

Zu diesen Bildern hat Stefanie eine Geschichte geschrieben:

Sparen ist gar nicht so einfach

Ich bekam gestern Taschengeld. Ich bekomme 10 DM im Monat. Ich dachte: „Morgen stecke ich 5 DM ins Sparschwein." Ich ging heute vor der Schule am Bäckerladen vorbei und ... Und dann kam ich nach der Schule am Zeitungskiosk vorbei und ... Und dann sah ich auf einmal ein Eisschild ... Und dann habe ich abends ... ins Sparschwein gesteckt.

Wenn wir aufschreiben, was jemand sagt oder denkt, verwenden wir die Zeichen der **wörtlichen Rede**:
„Hast ... gemacht?"

1. *Lies die Geschichte. Fülle die Lücken.*
2. *Verwende bessere Satzanfänge und treffendere Ausdrücke. Achte auf die Zeitform.*
3. *Suche noch mehr passende Sätze zu den Bildern. Schreibe die ganze Geschichte auf.*
4. *Welche Wörter für „Geld" kennst du (Moneten, Kies, ...)? Sammle solche Ausdrücke. Schreibe damit die Geschichte aus Aufgabe 3 neu. Wer hat die schönste Geschichte?*
5. *Wie gibst du dein Taschengeld aus? Mache eine Aufstellung für den letzten Monat.*

Gestern ...
Monatlich geben mir ...
Aber heute ...
Auf dem Heimweg schaute ...
Am Nachmittag entdeckte ...
Kurz danach ...
Abends ...

1 Im Kaufhaus

Hauswegweiser

6. Obergeschoß
Cafe / Restaurant
Öffentlicher Fernsprecher

5. Obergeschoß
Lampen / Elektrogeräte
Möbel

4. Obergeschoß
Haushaltwaren / Geschenkartikel / Glas / Porzellan
Packtischkasse

3. Obergeschoß
Gardinen / Teppiche / Betten

2. Obergeschoß
Schuhe / Lederwaren
Radio / Fernsehen / Schallplatten
Spielwaren / Kinderwagen / -möbel
Sportartikel / Autozubehör / Zweiräder
Heimwerker / Hobby / Ausstellfläche
Schuh- und Schlüsseldienst

1. Obergeschoß
Bettwäsche / Taschentücher
Kinderparadies / Baby-Abteilung
Knaben- und Mädchenbekleidung
Miederwaren / Badewäsche
Damenwäsche / Damenstrickmoden
Schürzen / Herrenkonfektion
Blusen/Röcke / Hosen
Damenmäntel / Damenkleider
Pelze/Damenhüte / Lederbekleidung

Kundendienstbüro/Kreditvermittlung
Versicherungs-/Fundbüro

Erdgeschoß
Information / Reisebüro
Kuchenverkauf / Süßwaren
Bücher / Drogerie
Schreibwaren / Büromaschinen
Uhren / Schmuck
Modewaren / Damenstrümpfe
Foto-Optik/Kleinlederwaren
Herrenausstatter
Herrenartikel / Herren-Wollwaren
Herrenstrümpfe/Herrentrikotagen
Stoffe / Schnittmuster
Kurzwaren / Handarbeiten
Schnellfoto / Fotokopien

Untergeschoß
Lebensmittelabteilung
Frischfleisch / Frischfisch
Bestellannahme / Cafeteria
Tabakwaren / Zeitschriften

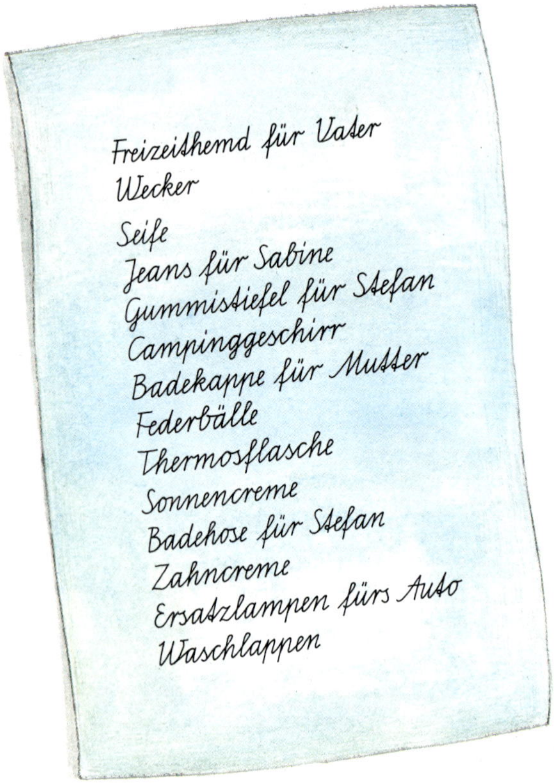

Familie Schubert kauft ein

Am Wochenende möchte Familie Schubert ihren neuen Wohnwagen einweihen. Für die Fahrt muß sie noch einiges besorgen. Mit Hilfe eines Einkaufszettels kauft sie im Kaufhaus ein.

1. *Sprecht darüber: Welche Waren werden in den einzelnen Abteilungen angeboten?*
2. *Schreibe immer fünf Beispiele auf:*
   Haushaltswaren: Kochtöpfe, Spülbürsten, Messer, ...
   Elektrogeräte: Bügeleisen, Fön, ...
   Lederwaren: ...
   Baby-Abteilung: ...
   Spielwaren: ...
   Foto / Optik: ...
3. *Ordne Schuberts Einkaufszettel neu. Schreibe ihn so, daß sie schneller einkaufen können.*
4. *Welche Dinge kauft Familie Schubert ein?*
   Schreibe vollständige Sätze:
   Sie kaufen im Erdgeschoß ein Freizeithemd für Vater.

Mit dem Fahrrad unterwegs

1

Zwei Suchbilder

1. *Suche die Unterschiede zwischen dem 1. und dem 2. Bild.*
2. *Schreibe zum ersten Bild auf:*
   Das Mädchen biegt richtig ab. Es gibt Handzeichen.
   Der Junge benutzt den Radweg. Der andere Junge ...
3. *Schreibe zum zweiten Bild auf:*
   Kinder fahren zu zweit auf dem Fahrrad und transpor-
   tieren Bretter. Eine Radfahrerin hängt sich am ...

1 Die Radfahrprüfung

Kennst du dich auch auf der Straße aus?

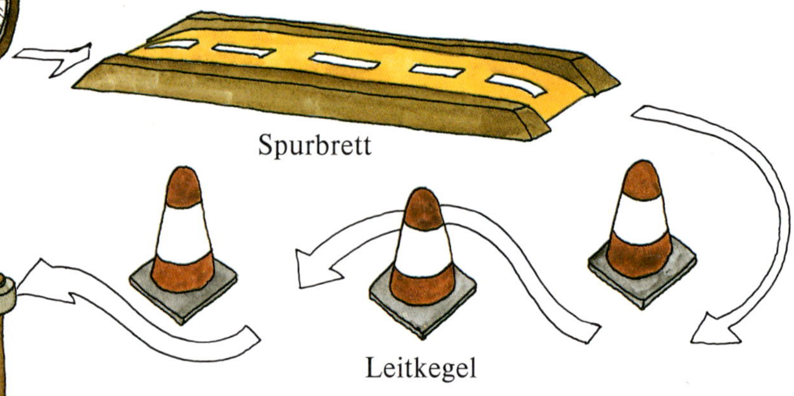

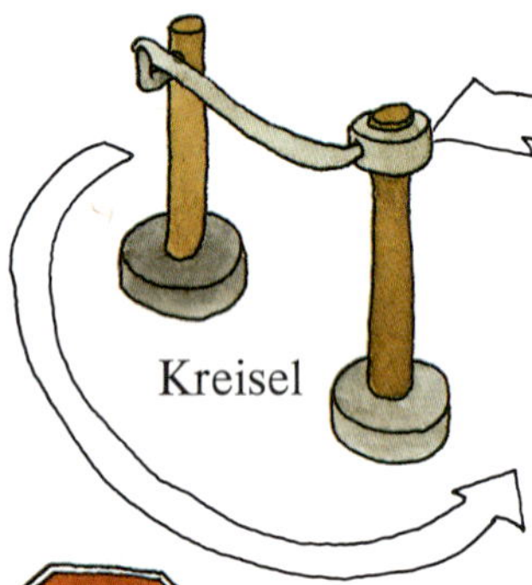

Die Kinder haben sich auf dem Schulhof einen Übungsplatz für Radfahrer aufgebaut. Hier ist ein Teil davon abgebildet.

1. *Welche Übungen schließen sich noch an, bevor Tina ans Ziel kommt? Zeichne den Übungsplatz vollständig auf.*

Übungen für Radfahrer

Zur Vorbereitung auf eure Radfahrprüfung sind Übungen in der Verkehrsschule notwendig. Ihr solltet aber auch schon vorher dafür üben. Der Übungsplatz auf dem Schulhof (oder auf einem Parkplatz) muß geplant werden. Welche Übungen sind für euch notwendig? Hier sind ein paar Vorschläge:
- auf einem schmalen Brett fahren
- über einen Hügel fahren
- im Kreis fahren
- Achter fahren
- Bremsübungen
- einhändig fahren …

2. *Schreibt eure Übungen vollständig auf.*
3. *Stellt eine Materialliste zusammen:*
   Brett, Kreide, Holzklötze, …
4. *Wer besorgt was? Wie werden die Übungen bewertet?*

Zeitungsbericht und eigene Meinung

1. *Was sagen die Beteiligten kurz nach dem Unfall?*
   Spielt das Gespräch.
2. *Paßt der Unfallbericht zu den Bildern?*
3. *Was in Berichten steht, ist oft viel mehr, als man auf Bildern sehen kann.*
   Vergleiche den Zeitungsbericht mit den Bildern.
4. *An dem Unfall waren mehrere Personen beteiligt. Aus ihrer Sicht spielte sich der Unfall jeweils anders ab. Der Lastwagenfahrer erzählt zum Beispiel:*
   „Kurz vor der Kreuzung Turmstraße/Schloßstraße dachte ich, ich sehe nicht richtig. Der Radfahrer bog plötzlich nach links ab.
   Natürlich habe ich scharf gebremst, aber es hat trotzdem nicht gereicht ...“
5. *Wie sieht der Autofahrer, wie sieht der Radfahrer den Unfallhergang und die Schuldfrage?*
   Schreibe so:
   a) Der Autofahrer: „Vor mir fuhr ...“
   b) Der Radfahrer: „...“
6. *Ein Reporter befragt den Zeugen eines anderen Unfalls und notiert dies für seinen Bericht:*
   13 Uhr – 11jährige Radfahrerin – Marktstraße –
   bei Rot über Rathausstraße –
   Zusammenstoß mit Personenwagen
   – leicht verletzt – Sachschaden etwa 700 DM –
   Stau.
   Schreibe den Unfallbericht.

Auffahrunfall

Erheblicher Sachschaden entstand gestern gegen 17.30 Uhr an der Kreuzung Turmstraße/Schloßstraße, als ein Lkw auf einen Personenwagen auffuhr. Der 51jährige Pkw-Fahrer mußte scharf bremsen, weil vor ihm ein 10jähriger Radfahrer ohne Zeichen nach links abbog. Verletzt wurde niemand. Die Kreuzung war für eine halbe Stunde blockiert. Es bildete sich ein Stau.

1 Bildbeschreibung

Dieses Bild hat
Caspar David Friedrich gemalt.
Es heißt „Der einsame Baum".

1. *Was siehst du auf dem Bild? Beschreibe es möglichst genau.*
2. *Wie sieht der Baum aus? Schreibe auf:* alt, schief, ...
3. *Vergleicht eure Notizen. Jeder ergänzt, was er übersehen hat.*
4. *Das Bild eignet sich besonders, um treffende Ausdrücke für eine Geschichte zu finden. Schreibe sie auf:*
   blaue Berge, friedliche Schafherde, mildes Wetter, ...

Eine Geschichte, in der dieser Baum vorkommt, könnte so anfangen:

In den letzten Herbstferien machten wir einen Ausflug. Es war ziemlich kalt, und die meisten Zugvögel waren schon nach Süden geflogen. Als wir eine Weile gewandert waren, kamen wir zu einem alten Baum. Er war schief und hatte auf der einen Seite nur wenige Blätter. Vor dem Baum lag ein Tümpel. Wir wollten unbedingt wissen, ob es darin Tiere gab ...

5. *Erzähle die Geschichte zu Ende.*
6. *Schreibe die ganze Geschichte auf. Suche eine Überschrift.*
7. *Schreibe eine andere Geschichte, in der diese Sätze vorkommen:*
   Bei dem Ausflug fand Tina einen kleinen Igel. Sie sagte niemandem etwas davon. Als sie zu Hause ...

Bei einer Bildbeschreibung müssen wir das Bild genau betrachten. Es kommt darauf an, Wesentliches zu beschreiben, den Mittelpunkt herauszufinden, wichtige und unwichtige Einzelheiten zu unterscheiden und treffende Adjektive zu finden.

Wir beschreiben nach Stichpunkten

So machten die Indianer Feuer

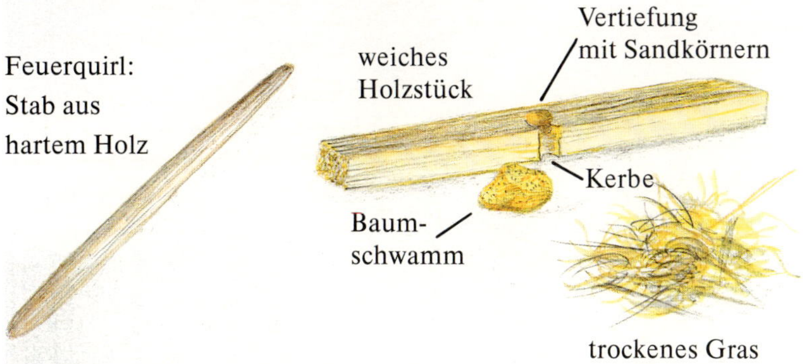

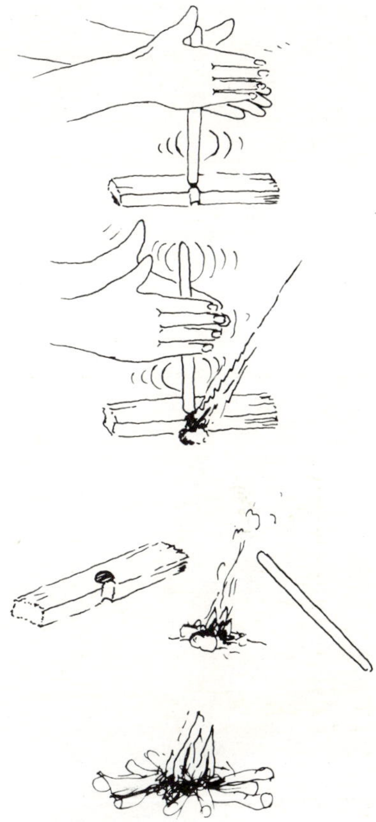

Die Indianer hatten es nicht schwer, Feuer zu entfachen. Das Hartholz und einen ganz besonderen, leicht entzündbaren Baumschwamm holten sie sich aus der Umgebung. Die Zeichnungen zeigen den Arbeitsablauf beim Feuermachen.

1. *Beschreibe den Arbeitsablauf.*
   Verwende diese Stichpunkte dazu:
   Hartholzstab – schnell drehen – Sandkörner – Holzmehl entsteht – wird heiß – glimmen – Holzmehl auf Baumschwamm – Glut anblasen – Flamme entfachen – Heu entzünden – kleine, trockene Zweige – Lagerfeuer.
2. *Schreibe zum Schluß:*
   Eine entscheidende Verbesserung war der Bogenquirl, weil …

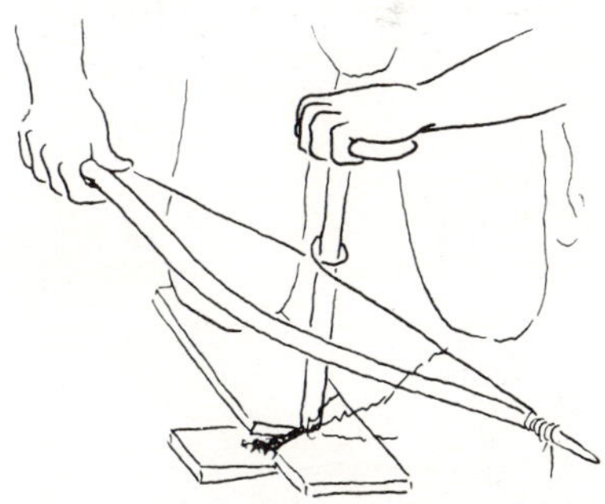

Bogenquirl

Feuer mit der Lupe

Der Feuerquirl funktioniert bei uns nur sehr schwer. Viel leichter ist es, mit der Lupe Feuer zu entfachen. Nimm an einem heißen Sommertag eine Lupe und ein Stück Zeitungspapier und probiere es draußen im Hof aus. Die Lupe bündelt die Sonnenstrahlen, und je kleiner der Lichtfleck ist, desto schneller brennt die Zeitung.

3. *Probiere die Lupe im Beisein eines Erwachsenen aus (Brandgefahr!).*
   Erzähle, wie es bei dir geklappt hat.
   Was muß man dabei besonders beachten?
4. *Waldbrände entstehen meist aus ganz kleinen Ursachen. Manchmal liegt eine Glasscherbe herum … Kannst du erklären, wie der Brand entsteht?*

Übungswörter:
achten
Bogen
blasen, blies
Gefahr, gefährlich
Probe, proben, probieren

1 Vorgangsbeschreibung

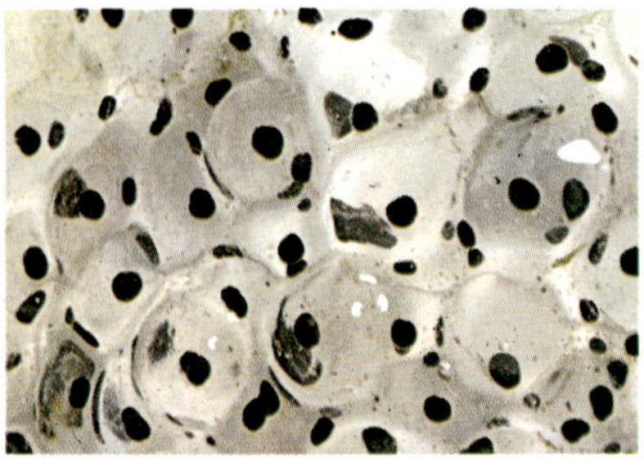

So entwickelt sich der Grasfrosch

Ende März legt das Froschweibchen den Froschlaich in einem Teich oder in einem Tümpel ab. Im Froschlaich befinden sich die Eier. Sie sind durch eine gallertartige Hülle geschützt. Schon nach wenigen Tagen verändert sich der Laich: Aus dem schwarzen Punkt in jedem Ei entwickelt sich der Keim. Nach etwa zwanzig Tagen kann man mit einer Lupe Kopf und Schwanz erkennen. Wenn man genau hinschaut, sieht man auch, wie sich die winzigen Kaulquappen bewegen. Nach einigen weiteren Tagen platzt die Eihülle, und die Kaulquappen sind frei. Sie sehen eher aus wie Fische. Und daraus sollen Frösche werden? Drei bis vier Wochen später beginnt die Verwandlung: ...

1. *Die letzten drei Bilder zeigen die Verwandlung von der Kaulquappe zum Frosch.*
   Beschreibe diese Veränderung.
   Achte dabei auf die Länge des Schwanzes, die Veränderung der Farbe, auf die Hinterbeine, auf die Vorderbeine und auf die Körperform.
   Beginne so:
   Allmählich bilden sich die Hinterbeine. Der Schwanz ist noch ungefähr doppelt so lang wie der Körper ...
2. *Namen für den Frosch:*
   Breitmaul, Großmaul, Plattfuß, Glotzauge, Mückenfänger, Springfuß, ...
   Welche Namen findest du noch?
   Welche Namen fallen dir für die Kaulquappe ein?

Vater hat geholfen

1. Christian ist schon seit zwei Monaten in der neuen Schule.
   Vor ein paar Tagen konnte er seine Mathematikaufgaben nicht lösen.
   Da hat ihm …
   Schreibe den Anfang dieser Geschichte ab.
   Erzähle weiter.
   Erfinde einen Schluß.
2. *Male das Schlußbild – aber bitte nicht ins Buch!*
3. *Schreibe deine Geschichte nun ganz auf.*
   Verwende dabei auch die wörtliche Rede.
4. *Hat dir auch schon einmal jemand bei den Hausaufgaben geholfen: dein älterer Bruder, deine Schwester oder deine Eltern?*
   Waren die Aufgaben richtig gelöst?
   Erzähle.
   Schreibe deine Geschichte auf.
5. *Schreibe eine Geschichte zu der Überschrift:*
   Etwas vergessen!
   Denke dabei an Turnsachen, Hausaufgaben, …

Wenn wir eine Geschichte zu einer Bildfolge schreiben wollen, müssen wir die Bilder zunächst sehr genau betrachten.
Wir müssen uns gut überlegen, warum die Figuren so handeln und was sie äußern.
Für den Schluß der Bildgeschichte sollten wir uns eine ganz besondere Pointe (Überraschungseffekt, Höhepunkt) ausdenken.

Die Ostereier bringt der Osterhase

1. *Wie kam der Sohn an ein Ostergeschenk? Erzähle.*
2. *Schreibe eine Geschichte zu den Bildern.*
   Schreibe so, als wäre die Geschichte gestern passiert.
3. *Schreibe die Geschichte in der Ich-Form, als wärst du der Sohn.*

Emil schlief ein. Als er wieder aufwachte, war der Mann mit dem steifen Hut fort. War das Geld noch da? Emil griff sich langsam in die rechte innere Tasche. Die Tasche war leer. Das Geld war weg. Nichts als die Stecknadel war übriggeblieben.

Am nächsten Tag ging der Mann zur Bank, um sich die 140 DM wechseln zu lassen.
Emil erzählt den Bankbeamten seine Geschichte. „Ja, kannst du denn beweisen, daß es dein Geld ist?" fragten sie.

Bald darauf erreichte der Zug Berlin. Emil suchte den Mann mit dem steifen Hut in der Menschenmenge auf dem Bahnsteig.
Dort! Dort! Das war der Kerl!
Emil versteckte sich und verfolgte den Mann bis zu einem Café und später bis zu einem Hotel.

Emil fuhr mit dem Zug zu seiner Großmutter nach Berlin. Außer ihm war nur noch ein Mann mit steifem Hut im Abteil. Das gefiel Emil gar nicht; denn er hatte 140 DM für seine Oma in der Tasche. Endlich kam ihm ein Gedanke. Er nahm eine Nadel, steckte sie erst durch die drei Scheine, dann durch das Kuvert und schließlich durch das Anzugfutter.

1. *Ordne die Bilder.*
   Schreibe die wichtigsten Stichwörter aus dem Text auf:
   Emil, Zug, Berlin, der Mann mit dem Hut, 140 DM.
   Diese Stichwörter helfen dir, die Geschichte selbst aufzuschreiben.
2. *Schreibe außerdem passende Wörter zu den Bildern auf, die nicht im Text stehen:* listiges Gesicht, weiche Sessel, Bankbesucher, altes Hotel Kreid.
3. *Schreibe die Geschichte mit Hilfe der Stichwörter aus Aufgabe 1 und Aufgabe 2 auf.*
4. *Wie endet die Geschichte „Emil und die Detektive"?*

1 Geschichten im Präteritum

Verben kommen in verschiedenen Zeitformen vor.
Präsens: er **schlägt**
Präteritum: er **schlug**

Übungswörter:
Flamme
Nähe
plötzlich
Zweig

Vor Tausenden von Jahren

Keiner weiß genau, wie die Menschen das Feuer entdeckten. So könnte es gewesen sein:
Der Blitz schlug in einen Baum ein. Stamm und Zweige begannen zu brennen. Ein brennender Ast fiel herunter. Ein Mensch hob ihn auf und brachte ihn in die Höhle. Er legte ihn auf den Boden ...

So könnte es auch gewesen sein:
In der Nähe der Höhle brach ein Vulkan aus. Feurige Lava floß ...

Oder:
Nach einer langen Trockenheit entstand ein Waldbrand ...

Durch einen weiteren Zufall könnten die Menschen auch entdeckt haben, wie sie selbst Feuer machen konnten:
Einer der Menschen saß auf einem Polster aus trockenem Moos und Laub. Er stellte gerade eine Pfeilspitze her. Dazu schlug er von einem Brocken aus Feuerstein Splitter ab, die Funken flogen. Plötzlich begann das Moos zu glimmen, und eine kleine Flamme enstand.

1. *Wie könnte es nach deiner Meinung geschehen sein? Erzähle deine Geschichte zu Ende.*
2. *Schreibe die Geschichte nun auf.*

Einleitung – Hauptteil – Schluß

1

Der Maushund

Kein Mensch in Schilda kennt so ein Tier, und der Wirt fragt gleich: „Was ist das?“
Er bekommt die Antwort: „Ein Maushund.“
Der Wandersmann läßt die Katze laufen, und vor den Augen des Wirtes fängt sie viele Mäuse. Darauf fragen die Schildbürger den Mann, ob er ihnen den Maushund verkauft. Sie sagen, daß sie auch gut bezahlen wollen.
Der Wandersmann antwortet: „Ich möchte ihn behalten, aber weil ihr ihn so nötig braucht, will ich ihn hergeben.“ Er fordert 100 Gulden, und die Bauern sind froh, daß es nicht mehr ist.
Inzwischen jagt die Katze in der Burg, wo das Getreide Schildas lagert.
Auf einmal kommt einem der Ratsherren ein schrecklicher Gedanke: Was passiert, wenn der Maushund keine Mäuse mehr zu fressen hat? Sicher fällt er dann über das Vieh her und frißt am Ende die Schildbürger selbst auf.
Die Ratsherren beraten lang, und sie beschließen, das gefährliche Tier mit Feuer zu vernichten. So zünden sie ihre eigene Burg an.

Im ganzen Dorf Schilda gibt es keine Katze, dafür aber so viele Mäuse, daß die Schildbürger immer weniger zu essen haben. Gerade zu dieser Zeit kommt ein Wandersmann in das Dorf. Er trägt eine Katze auf dem Arm und kehrt ins Wirtshaus ein.

Als die Katze das Feuer riecht, springt sie zum Fenster hinaus und flieht in ein anderes Haus. Wiederum beraten die Ratsherren. Dann lassen sie auch dieses Haus anzünden. Und nach und nach brennt so das ganze Dorf ab.
Die Katze aber kommt mit dem Leben davon.

Übungswörter:
Antwort, antworten
Burg
Getreide
fressen, frißt, fraß
Lager
riechen
Vieh

In der **Einleitung** steht, wie es zu dem erzählten Geschehen kommt und wer daran beteiligt ist.
Im **Hauptteil** stellt der Erzähler nacheinander dar, was passiert.
Am **Schluß** steht, wie die Geschichte zu Ende geht.

1. *Ordne die Textteile in der richtigen Reihenfolge.*
2. *Wie weit geht die Einleitung? Wie weit der Hauptteil? Sprecht über eure Lösungen.*
3. *Schreibe deine Geschichte im Präteritum auf. Benutze eine Kurzform:*
   In Schilda gab …
   ***Achtung!** Die wörtliche Rede in Anführungszeichen steht hier trotzdem im Präsens: „Was ist das?“*
4. *Suche noch mehr Geschichten über die Schildbürger. Was ist das Besondere an diesen Menschen?*

1 Feueralarm

Der gelöschte Vater

Sofort hörte er mehrere Geräusche. Es zischte leise, und ein Stuhl fiel mit Gepolter um. Im Fenster erschien Stefans Vater. Er war tropfnaß. Er hatte am Fenster gesessen, Zeitung gelesen und dabei Pfeife geraucht.

Stefan eilte zurück und kippte das Wasser mit Schwung in die Wohnung.

Er rannte gleich zum Nachbarn und rief: „Bei uns brennt es." Der Nachbar drückte ihm einen Eimer Wasser in die Hand und sagte: „Ich komm gleich hinüber und helfe dir; ich muß mir eben noch die Schuhe anziehen."

Als Stefan gestern nachmittag von der Schule nach Hause kam, entdeckte er Rauch. Dichter Qualm drang aus einem offenen Fenster an der Straßenseite.

1. *In welche Reihenfolge würdest du die Bilder bringen?*
2. *Ordne die Sätze den Bildern zu.*
3. *Wie weit geht die Einleitung, wie weit der Hauptteil?*
4. *Schreibe zu den vier Bildern eine neue Geschichte. Suche eine Überschrift.*
5. *Diktiert euch den Text „Der gelöschte Vater" gegenseitig.*
6. *Schreibe die Geschichte so, wie Stefan sie erlebt hat:* Als ich gestern ...

Auf der Feuerwache

Um 7.15 Uhr läutete auf der Feuerwache das Telefon. Herr Schneider ging an den Apparat und nahm den Hörer ab. Er hörte zu und schrieb etwas auf den Notizblock. „Wir kommen gleich", sagte er und legte auf. ...

7. *Denke dir eine Fortsetzung für die Geschichte aus.*
   Überlege: – Was willst du erzählen?
   – Was ist das Wichtigste in deiner Erzählung?
   – In welcher Reihenfolge erzählst du?
8. *Kinder – Papier – Feuer: Schreibe eine Geschichte, in der diese Wörter vorkommen.*

Verknüpfung von Sätzen 1

Die Grille und die Ameise

Den ganzen Sommer über saß die Grille in der sonnigen Wiese und sang. ____ der Herbst kam und die ersten kalten Winde wehten, hatte die Grille nichts zu fressen; ____ es flog keine Mücke mehr, kein Fliegenbein war zu finden, und Vorräte hatte sie nicht angelegt.
Halb verhungert lief die Grille ____ zur Ameise, ihrer Nachbarin. Diese war gut versorgt, ____ sie im Sommer schon an den Winter gedacht hatte. In ihrem Jammer bat die Grille die Ameise um etwas zu essen aus ihrer Speisekammer. „Ich will es dir im Frühling ____ mit Zinsen zurückgeben“, sagte sie. ____ fragte die Ameise: „ ____ was hast du denn im Sommer die ganze Zeit gemacht?“ „Da habe ich Tag und Nacht gesungen“, antwortete die Grille. „Gesungen hast du? Wunderbar, ____ kannst du jetzt tanzen gehen.“ Mit diesen Worten schickte die Ameise die Grille ____ fort.

Nach Äsop

1. *Im Text sind einige Wörter weggelassen worden.*
   Welche Wörter vom Rand passen in die Lücken?
   Schreibe den ganzen Text auf.
2. *Was meint ihr? Hat die Ameise sich richtig verhalten?*

als, dann,
darauf, denn,
plötzlich,
deshalb, und,
daher, damals,
darum, weil,
danach, auch,
schließlich,
aber, oder,
sondern

Der Hamster und die Ameise

Die Ameise fragte: „Ist dein Vorrat größer, als du ihn brauchst?“

„Ihr armseligen Ameisen, für so wenig arbeitet ihr den ganzen Sommer?“ sagte der Hamster. „Du solltest einmal meine Speisekammer sehen.“

Ein Hamster traf eine Ameise.

„Es ist richtig, daß die Menschen dir nachgraben. Es ist richtig, daß die Menschen deine Kammern leeren. Und es ist richtig, daß die Menschen dich für deinen Geiz mit dem Leben büßen lassen“, sagte die Ameise.

„Ich habe immer mehr als nötig“, sagte der Hamster.

Diese zeigte dem Hamster stolz ihre Vorräte.

3. *Ordne den Text richtig.*
4. *Lies den Text in der richtigen Reihenfolge vor.*
5. *Versuche, Sätze aus dieser Geschichte besser miteinander zu verbinden. Verwende wieder die Wörter vom Rand:*
   Ein Hamster... Darauf fragte die Ameise: ...
   Ersetze auch das Wort „sagen“ durch treffendere Wörter.

Bei Satzverknüpfungen müssen wir die Satzanfänge abwechslungsreich gestalten. Auch in der Geschichte selbst sollten wir Wortwiederholungen vermeiden.

1 Der Schlußteil einer Geschichte

Zu einem Schlußteil eine Geschichte erfinden

Besonders schwierig ist es, zu einem vorgegebenen Schlußteil die passende Geschichte zu erfinden. Der Schlußteil unserer Geschichte lautet:

Plötzlich kam Mutter zur Tür herein, schüttelte den Kopf und rief: „Euch kann man doch nie allein lassen."

Hier ist der Anfang der Geschichte:

Meine Schwester und ich waren allein zu Hause. Mutter war einkaufen gegangen. Wir sollten auf die Paketpost warten. Die Zeit verging, aber die Post kam nicht. Uns wurde es langweilig.
Da hatte Susi eine Idee: „Komm, wir kochen Pudding!" Damit war ich sofort einverstanden. Die Milch fanden wir im Kühlschrank und das Puddingpulver in der Speisekammer. Das Rezept war einfach. Wir hatten das bei Mutter oft genug gesehen. Als die Milch kochte, gaben wir das angerührte Pulver dazu.
Da läutete es! Es war die Paketpost. Der Postbeamte unterhielt sich noch mit uns über die Schule und über die Ferien. Plötzlich hob er die Nase hoch und schnupperte: „Sagt mal, ist bei euch etwas angebrannt?"
Wir rannten in die Küche und sahen kaum etwas, weil dort soviel Qualm war. Susi riß die Fenster auf. Wir wollten alles wegwischen. Aber es war zu spät!
Plötzlich ...

1. *Untersuche auch diese Geschichte.*
   Achte besonders auf die Satzanfänge, treffende Ausdrücke und die wörtliche Rede.
   Wodurch ist die Geschichte besonders spannend?
2. *Verändere die Geschichte. Schreibe sie neu.*
3. *Suche eine passende Überschrift.*
4. *Schreibe eine Geschichte, die so endet:*
   Abends im Bett dachte ich noch: „Eigentlich war das ganz toll! Und dabei wollte ich zuerst gar nicht mitmachen."
   Schreibhilfen:
   erster Ferientag – trübes Wetter – langweilig – Freunde besuchen – Vorschlag: basteln – keine Lust – zu schwierig – andere Idee – besprechen – ...

Wir erzählen „lebendige" Geschichten

1

Anjas Aufsatz

Anja hat über ihren Besuch auf dem Jahrmarkt zuerst so geschrieben:

Der Junge
Da war ein Junge, der wollte gegen andere Armdrücken machen. Und dann mußte der Verlierer dem Gewinner zwei Tüten gebrannte Mandeln zahlen.
Viele Jungen hatten schon gegen den Jungen gekämpft. Der Junge hatte immer gewonnen. Und er hatte schon viele Tüten mit gebrannten Mandeln.
Und dann kam Tim an die Reihe. Und dann setzten sie sich an den Tisch. Dann kämpften sie. Und dann hat Tim gewonnen. Der Junge mußte ihm zwei Tüten gebrannte Mandeln zahlen.

Dann hat Anja begonnen, ihre Geschichte zu verbessern.

Auf dem Jahrmarkt
Jochen und ich waren gestern auf dem Jahrmarkt. Wir hatten schon einiges angesehen, als wir plötzlich einen Jungen rufen hörten: „Achtung! Achtung! Ich bin Ali, der Meister im Armdrücken. Alle bis zu zehn Jahren können gegen mich kämpfen. Der Verlierer zahlt zwei große Tüten gebrannte Mandeln. Auf geht's!" Der Junge war nicht besonders groß und sah auch nicht sehr stark aus.
Schnell bildete sich eine Schlange vor dem Tisch. Alle wollten die Mandeln gewinnen. Weiter hinten in der Reihe entdeckten wir Tim, unseren Klassenkameraden.
Der erste Junge setzte sich. Die beiden stützten den rechten Arm auf den Tisch und begannen zu drücken. Dann ging alles ganz schnell! Auf einmal war der Arm von Alis Gegner flach auf dem Tisch: verloren! Ein Junge nach dem anderen kam, wurde besiegt und mußte gebrannte Mandeln abliefern.
Aber dann war Tim an der Reihe ...

1. *Was gefällt dir an Anjas erster Geschichte nicht?*
2. *Anjas Geschichte ist erst halb fertig. Wie geht sie zu Ende? Du kannst die Wörter auf dem Rand benutzen. Schreibe die ganze Geschichte auf.*
3. *Schreibe eine eigene Geschichte: Auf dem Fußballplatz – Unser Ausflug nach ... – Ferien in ... – Aufregung beim Schulfest – Eine tolle Überraschung – So ein verrückter Tag.*

- Nichtssagende Überschriften vermeiden!
- „Und dann" vermeiden!
- Gleiche Wörter und gleichen Satzbau vermeiden!

Ausrufe wie „Schade! Verflixt! Meine Güte! Pfui! Schrecklich! Oh! Ah!" machen einen Text lebendiger.
Den wichtigsten Teil mit Einzelheiten ausgestalten und genau erzählen: was du tust, denkst, fühlst, siehst und hörst!

Verflixt! – kurz vor der Tischplatte – halb unten – ganze Kraft – rot vor Anstrengung – keuchen – langsam – zurück – fast eine Minute – hin und her – schwitzen – endlich – mit einem Ruck – auf den Tisch – besiegt – Stirn abwischen – glücklich – Hm, schmecken die gut, viel besser als gekaufte!

Abenteuerspielplatz – verstecken – Tier

Dies könnte die Geschichte zu den drei Wörtern sein:

Ganz in der Nähe unseres Hauses liegt ein toller Abenteuerspielplatz. Dort ist es nie langweilig. Deshalb treffe ich mich auf dem Platz immer mit meinen Freundinnen und meinen Freunden.
Neulich passierte dort etwas ganz Besonderes. Holger, Svenja, Jochen und ich spielten Verstecken. Holger mußte als erster suchen. Ich versteckte mich hinter der alten Holzhütte zwischen Brettern, alten Autoreifen und leeren Fässern. Ich saß ganz ruhig da und wartete, bis ich mich freischlagen konnte. Plötzlich hörte ich ein leises Fauchen. Erschrocken drehte ich mich um:
In einer Ecke entdeckte ich eine Katze mit ihren drei Jungen. Ganz mager war sie! Sie ließ sich sogar streicheln. Ich rief nach den anderen Kindern. Wir sprachen darüber, was wir mit den Tieren tun sollten. Holger schlug vor: „Bringen wir sie doch ins Tierheim." Svenja meinte: „Ich hätte die vier so gern bei mir zu Hause."
Zu Hause sprachen wir mit meinen Eltern darüber. Sie verständigten das Tierheim. Jetzt sind die Katzen dort gut aufgehoben. Manchmal besuchen wir sie dort. Eine der kleinen Katzen hat Svenja zu Hause.

1. *Untersuche diesen Aufsatz:*
   – Wie weit gehen Einleitung, Hauptteil und Schluß?
   – Schreibe die Satzanfänge heraus.
2. *Verändere die Satzanfänge durch Umstellungen:*
   Ganz in der Nähe ...
   Ein toller Abenteuerspielplatz ...
   Welche Satzanfänge gefallen dir am besten?
3. *Tausche weitere Wörter aus.*
4. *Schreibe die Geschichte neu.*
5. *Suche eine passende Überschrift zu der Geschichte.*
6. *Schreibe eine Geschichte, in der diese Wörter vorkommen: Ferien – See – Schlauchboot.*
   Schreibhilfen:
   packen – Abreise – schöne Autofahrt – gemütliche Ferienwohnung am See – Schlauchboot aufpumpen – sofort ausprobieren – mit Rückenwind hinauspaddeln – große Mühe, wieder zurückzukommen – ...

Phantasiegeschichten

1

So beginnt eine Geschichte

Ich war bei meinem Onkel zu Besuch. Er hatte viele schöne Kinderbücher. Vor dem Einschlafen schaute ich mir noch ein Buch an.
Plötzlich bewegte sich eine der Figuren aus dem Buch und sagte: „...

Eine Fortsetzung dieser Geschichte lautet:
... Ich bin ein kleiner Wichtel aus dem Zauberland. Manchmal belohnen wir Kinder, die es verdient haben. Heute bist du an der Reihe. Nimm diesen Ring. Immer, wenn du daran drehst, geht ein Wunsch in Erfüllung."
Bevor ich etwas sagen konnte, war der Wichtel verschwunden. So etwas hatte ich mir schon immer gewünscht. „Die Hausaufgaben sollen ganz fertig sein", murmelte ich leise vor mich hin.
Ich schlug die Hefte auf, und ... Sie waren wirklich fertig und sauber geschrieben!
Ich jubelte, weil der Wunschring so gut tat.
Ich hatte noch viele Wünsche, als der Wecker plötzlich klingelte. Ich wachte auf, es war schon heller Morgen. Das Buch hielt ich noch in der Hand. Ich suchte gleich nach dem Ring. Aber er war nirgends zu sehen. Leider war alles nur ein schöner Traum.

Phantasiegeschichten sind schwierig, weil man oft zu viele verschiedene Ideen in die Geschichte packt. Deshalb ist es besonders wichtig:
- die Gedanken vorher zu ordnen,
- Stichworte aufzuschreiben,
- Stichworte in die richtige Reihenfolge zu bringen.

1. *Wie weit gehen Einleitung, Hauptteil und Schluß der Geschichte?*
2. *Suche eine passende Überschrift.*
3. *Welche Wörter der Geschichte gefallen dir besonders gut? Schreibe sie heraus.*
4. *Ersetze die Wörter, die dir nicht gefallen.*
5. *Schreibe die Geschichte neu.*
6. *Schreibe folgende Geschichte weiter:*
   Robert war am liebsten draußen, wenn es stürmte und regnete. Dabei nahm er immer seinen Regenschirm mit. Eines Tages ging er bei Regen und Sturm spazieren. Plötzlich erfaßte ein Windstoß seinen Schirm. Robert flog hoch und wurde in die Luft getragen....
   Schreibhilfen:
   zuerst große Angst – ruhig fliegen – schön finden – Vögel – erstaunt schauen – Welt von oben – Häuser, Menschen, Autos wie Spielzeuge – sanfte Landung – ...

1 Erlebniserzählungen

Erlebnisse aufzuschreiben, ist ganz besonders schwierig. Dies liegt daran, daß oft zu viele Erlebnisse in einer Geschichte „erzählt“ werden. Besser ist es, nur über ein Erlebnis zu schreiben, und dies ausführlicher zu tun.

Gute Geschichten
- haben eine Einleitung, einen Hauptteil und einen Schluß,
- verwenden verschiedene Satzanfänge,
- wiederholen nur wenige Wörter,
- verwenden die genau passenden Wörter,
- sind spannend,
- werden von anderen gern gelesen,
- haben eine treffende Überschrift,
- enthalten wörtliche Rede.

Aufregung beim Schulfest

Alle zwei Jahre macht unsere Schule ein Schulfest für die Kinder, ihre Familien und die Lehrer.
Da muß viel vorbereitet, gemacht, aufgebaut und eingeübt werden. Es gibt immer ein tolles Programm, auf dem genau steht, welche Klasse etwas vorspielt oder singt, welche Spiele gemacht werden können und was es zu essen gibt.
Dieses Jahr hatte sich unsere Klasse besonders viel vorgenommen. Wir wollten ein Theaterstück aufführen: „Des Kaisers neue Kleider“.
Die Klasse 4b hatte einen Waffelstand gemacht. Tonis Eltern hatten den Waffelteig mitgebracht und in der Schulküche abgestellt. Unser Theaterstück sollte um elf Uhr beginnen. Alles war vorbereitet. Plötzlich war Kathrin verschwunden. Alle waren sehr aufgeregt. Ohne sie konnten wir nichts machen. Die Kinder der Klasse 4b wollten den Teig zum Stand bringen. Da geschah es! Sven stolperte und ließ die Schüssel mit dem Teig fallen. Auf einmal rief Tim: „Ich glaube, sie ist im Klassenzimmer!“ Wir rannten hin und fanden Kathrin. Sie jammerte: „Ich habe meine Rolle vergessen!“ Woher sollte die 4b jetzt neuen Teig für die Waffeln bekommen? Frau Huber lachte nur und sagte: „Ich mache schnell noch mal einen.“ Frau Römer beruhigte Kathrin. Um halb zwölf konnten wir unsere Vorstellung machen.

1. *Hier sind zwei Erlebnisse vermischt worden.*
   Schreibe jedes Erlebnis für sich auf.
   Hier sind Vorschläge für die beiden Überschriften:

   1. Geschichte:
   Theaterstück mit Hindernissen.

   2. Geschichte:
   Waffeln einmal anders.
2. *Suche dir eine Geschichte aus.*
   Schreibe sie so auf, daß sie dir noch besser gefällt.
   Du kannst z. B. das Verb „machen“ ersetzen durch andere Verben:
   veranstalten, basteln, aufführen, aufbauen, spielen, anrühren, beginnen.
3. *Welche Erlebnisse hattest du in den letzten Ferien?*
   Schreibe zu jedem Erlebnis die Überschrift auf.
4. *Schreibe zu einer der Überschriften die Geschichte.*

Wir planen ein Schulfest

Vorschläge und Ideen

Kaffee, Kuchen, Limo, Würstchen, Zirkusspiel, Theaterstück, Waffeln, Tanzvorführung, Fußball, Völkerball, Ball über die Schnur, Torwandschießen, Sackhüpfen, Glücksrad, Flohmarkt, Tombola, Dosenwerfen, Zauberstücke, Montagsmaler, Schminkstube für Clowns, Tierwettlauf (je zwei Kinder in einem Tierkostüm), Malen, Töpfern, Schattentheater, Scharade, Preisrätsel, Nagelbrett, Zirkuskapelle, Jongleure, Der stärkste Mann der Welt, Zauberer Hikispikis, ...

1. *Der Festausschuß der Tannenschule hat für das Schulfest in diesem Jahr das Motto Zirkusmanege ausgesucht. Welche Vorschläge und Ideen passen dazu?*
2. *Fallen dir noch mehr Vorschläge dazu ein?*
3. *Welches Motto wählt ihr für euer Schulfest?*
4. *Welche der Vorschläge und Ideen kannst du mit Oberbegriffen zusammenfassen?*
   Speisen: Kuchen, ...
5. *Stellt eigene Vorschläge für ein Schulfest zusammen.*

Planung des Schulfestes

Der Festausschuß muß noch viele Fragen klären, bevor das Fest stattfinden kann:
Wer begrüßt die Gäste? Wen begrüßt man als ersten? Wer sorgt für die Getränke? Wer backt den Kuchen? Wer steht in der Würstchenbude? Wem vertraut man die Kasse an? Wer kocht Kaffee und Tee? Wen lädt man alles ein?
Von wem bekommt man Bänke und Tische? Wen läßt man Plakate malen und Einladungen schreiben? Wer baut Tische und Bänke auf?
Wer hilft beim Aufräumen? Welche Klasse betreut welchen Stand? Welche Spiele sind vorgesehen? Wann beginnt das Fest, wann ist Schluß? Was sollen Speisen und Getränke kosten? Was geschieht mit dem Gewinn? ...

6. *Welche Fragen fallen euch noch ein?*
7. *Ordnet die Fragen:*
   Welche fragen nach dem Subjekt?
   Welche fragen nach einem Dativobjekt?
   Welche fragen nach einem Akkusativobjekt?
   Unterstreiche jeweils mit verschiedenen Farben.

1 Plakat und Einladung für ein Schulfest

Eine Einladung muß enthalten:

- die Anrede
- die Art der Veranstaltung
- das Datum
- den Ort
- den Zeitpunkt (Beginn und Ende)
- den Gastgeber

Wir laden ein

Ein Plakat muß Auskunft geben über: Art der Veranstaltung (Schulfest), Datum, Beginn und Schluß des Festes. Wer ist eingeladen? Wer lädt ein? Wie heißt das Motto des Festes? Was gibt es Besonderes zu sehen?

1. *Die beiden Plakate sind unvollständig.*
   Was fehlt bei dem einen, was fehlt bei dem anderen Plakat?
2. *Entwerft euer eigenes Plakat für das Schulfest. Denkt an die notwendigen Angaben. Beachtet auch, daß ein Plakat seinen Betrachter sofort fesseln sollte.*
   Wie erreicht ihr das auf eurem Plakat?
   Achtet auf die Buchstabengröße.
3. *Ein Plakat allein genügt nicht. Eltern, Geschwister und andere Verwandte müssen noch eine Einladung erhalten. Auf der Einladung steht das gleiche wie auf dem Plakat. Dazu kommen noch die Anrede und die Grußformel.*
   Vergeßt nicht, daß in einem Einladungsbrief die Anrede-Personalpronomen (Sie, Ihnen, Ihre, Ihr, Du, ...) groß geschrieben werden.
   Jeder kann eine eigene Einladung schreiben und verzieren. Ihr könnt aber auch Kopien anfertigen.
   Wie entscheidet ihr euch?

Das merkwürdige Spiegelbild

Der Clown Feuerkopf bringt heulend ein großes Gestell in die Manege: „O weh, ich habe den Spiegel zerschlagen. Wenn der Herr Direktor das merkt, dann werde ich entlassen!" Er bricht verzweifelt die letzte Scherbe aus dem Rahmen und erzählt, wie das Unglück geschehen ist.
Da kommt aufgeregt der Zirkusdirektor herbei: „Nein, wie ich heute wieder aussehe! Und gleich beginnt die Vorstellung! Entsetzlich! Ich muß mich vor meinem Spiegel zurechtmachen! Feuerkopf, bring mir den großen Spiegel!"

Beim darstellenden Spiel verwenden wir die wörtliche Rede.
Wir sind Schauspieler, stellen eine Handlung dar und versetzten uns jeweils in die Figur, die wir spielen. Dabei können wir auch Kulissen, Kostüme und Requisiten (Theaterzubehör) verwenden.

DIREKTOR
- betrachtet sich im Spiegel
- streicht sich über die Haare
- setzt seinen Hut auf
- wundert sich
- schaut zum Publikum und zuckt mit den Achseln
- schaut sein Gesicht genauer an
- zeigt dem Publikum, daß er den Trick durchschaut hat
- geht drei Schritte zurück
- schleicht sich zum Rahmen
- steht einige Zeit ganz still
- faßt nach dem Spiegelbild

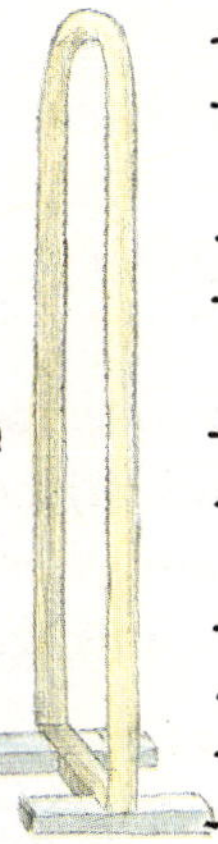

FEUERKOPF
- betrachtet sich im Spiegel
- streicht sich über die Haare
- setzt seinen Hut erst ab und dann wieder auf
- wundert sich auch
- zeigt dabei dem Direktor eine lange Nase
- beginnt zu zittern
- erstarrt
- geht drei Schritte zurück
- schleicht sich zum Rahmen
- steht einige Zeit ganz still
- läuft schreiend davon

1. *Wie geht die Geschichte weiter?*
   Erzähle mündlich.
   Benutze dazu die angegebenen Stichworte.
2. *Du bist der Clown Feuerkopf, dein Nachbar soll den Direktor spielen.*
3. *Schreibe den Text in der Ich-Form und mit dem Namen deines Nachbarn als Direktor auf.*
4. *Wer und was könnte noch alles im Zirkusspiel der Klasse 4a vorkommen?*

1 Wir fertigen eine Klassenzeitung an

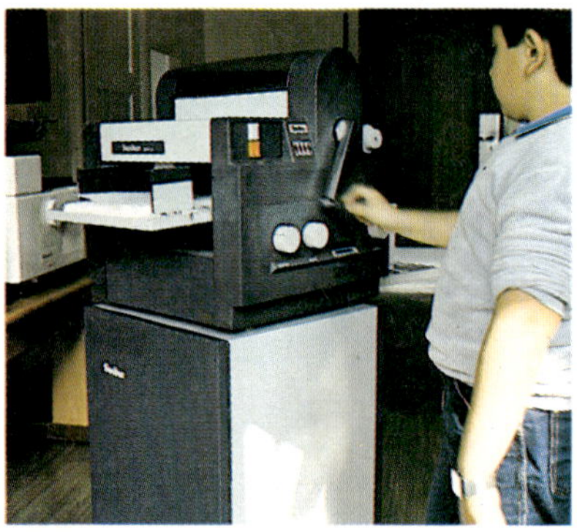

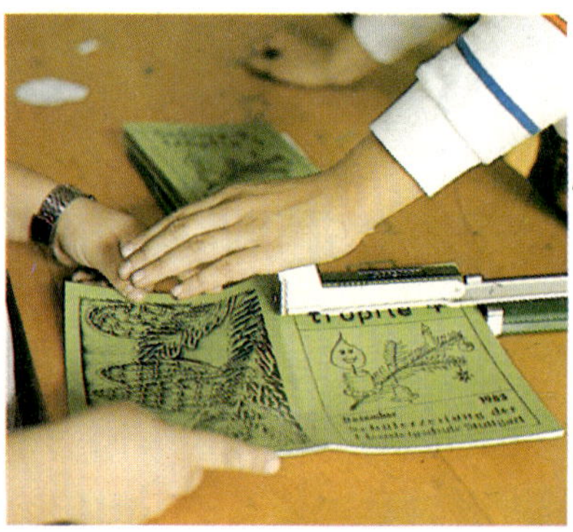

Unsere Klassenzeitung entsteht

Es macht Spaß, eine Klassenzeitung herzustellen. Bevor jeder seine Zeitung in den Händen halten kann, müssen viele Aufgaben erledigt werden.
Tina hat sich bereits überlegt, welche Arbeitsschritte nötig sind:

- Ordnen und Sammeln der Beiträge und Bilder
- Schreiben der Beiträge
- Übertragen auf Matrizen
- Ordnen der fertigen Seiten
- Zusammenstellen der Beiträge
- Abstimmen, welche Beiträge übernommen werden
- Korrekturlesen
- Zusammenheften der fertigen Seiten
- Abzüge herstellen

1. *Fallen euch noch Arbeitsschritte ein, die Tina vergessen hat?*
2. *Schreibe nun alle Arbeitsschritte so auf, wie sie nacheinander erledigt werden.*
3. *Wollt ihr eine eigene Klassenzeitung herstellen?*
   Überlegt zuerst, wer eure Zeitung lesen soll.
   Was interessiert eure Leser?
   Nach welchen Inhalten wollt ihr die Zeitung gliedern?
   Jeder legt eine Liste an:

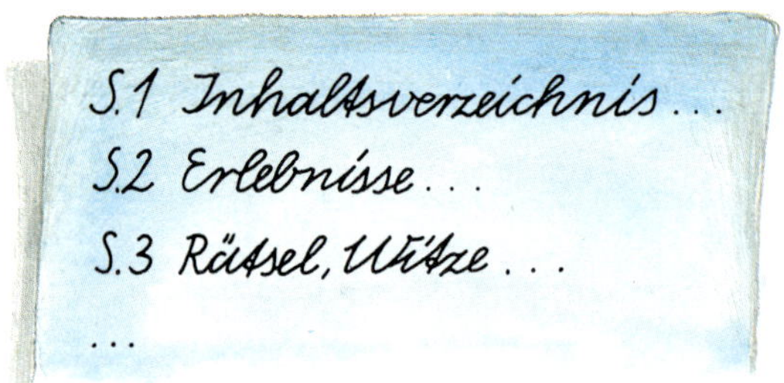

4. *Sprecht über eure Vorschläge und entscheidet gemeinsam durch Abstimmung.*
5. *Solche Fremdwörter kommen bei der Zeitung häufig vor:*
   Artikel, Redakteur, Redakteurin, Matrize, Korrektur, Interview, Notiz, notieren, Redaktion, interviewen, korrigieren.
   Schlage die Fremdwörter im Lexikon oder im Schülerwörterbuch nach.
   Schreibe sie auf.
   Notiere daneben ihre Bedeutung.

Im Zoo

Achim und Doris haben für die Klassenzeitung vom letzten Ausflug in den Zoo erzählt. Nun überlegen die Mitschüler, welcher Beitrag in die Zeitung kommen soll.

Kriterien zur Textbeurteilung:
- richtige Reihenfolge
- abwechslungsreiche Satzanfänge
- treffende Verben und Adjektive
- wörtliche Rede

Affentheater

Alle redeten aufgeregt durcheinander. Wir konnten kaum erwarten, eingelassen zu werden. Endlich war es soweit. Unsere Lehrerin hatte große Mühe, uns zusammenzuhalten. Die Elefanten und Nashörner ließen wir schnell hinter uns. Uns zog es zu den Affen.
Ein kleiner Schimpanse lieferte eine richtige Theatervorstellung. Er rutschte eine schräge Bank herunter und klatschte in die Hände. Plötzlich entdeckte er einen alten Sack, den er sich rasch über den Kopf zog. Wie ein kleines Kind schaute er anschließend mit einem Auge hervor und lachte. Es schien, als wolle er „Kuckuck" rufen.
Unerwartet kam seine Mutter und nahm ihm den Sack weg. Schimpfte sie mit ihrem Affenkind? Die Vorstellung war jedenfalls beendet, und wir liefen lachend zum Spielplatz.

Im Zoo

Gestern machten wir einen Ausflug in den Zoo. Am Eingang kaufte unsere Lehrerin die Eintrittskarten. Wir sahen uns dann die Elefanten an. Dann gingen wir zu den Nashörnern. Am längsten standen wir vor den Affen. Die haben viel Spaß gemacht. Zum Schluß gingen wir noch auf den Spielplatz. Es war ein schöner Ausflug.

1. *Suche in den beiden Geschichten die Einleitung, den Hauptteil und Schluß.*
   Wurde die wörtliche Rede verwendet?
   Wurden verschiedene Satzanfänge verwendet?
2. *Ordne den Texten Adjektive zu.*
   Vielleicht fallen dir mehr ein, als am Rand stehen.
3. *Suche in beiden Texten die Verben. Stelle sie einander gegenüber. Was fällt dir auf?*
4. *Welcher Beitrag gefällt dir besser?*
   Begründe deine Meinung.
5. *Schreibt eine Erlebnisgeschichte für eure Klassenzeitung.*
   Wählt die besten aus.

kurz
langweilig
spannend
anschaulich
knapp
gut
treffend
abwechslungsreich

Verständlichkeit
Ausführlichkeit
Reihenfolge
Textaufbau
(Einleitung, Hauptteil, Schluß)
Spannung
Wortwahl
Satzbau
Verschiedene Satzanfänge
Vermeiden von „Und (dann)“ am Satzanfang.
Vermeiden von Wiederholungen
Schreiben in <u>einer</u> Zeitform
Verwenden treffender Adjektive
...

Der Schreibwettbewerb

Wie wäre es, wenn ihr in eurer Klassenzeitung einen Schreibwettbewerb starten würdet? Hier ist der Schluß einer Geschichte:

... Kathrin öffnete die Augen und sah über sich das lächelnde Gesicht ihrer Mutti. „Ich bin froh, daß du wieder da bist."

Oder gefällt dir dieser Schluß besser?

... Anja war traurig. Nun hatte sie so viel geübt, und wieder hatte es nichts genützt.

1. *Besprich mit deinen Mitschülern, welchen Schluß ihr für den Schreibwettbewerb verwenden wollt.*
2. *Entwerft einen Text, durch den die Leser eurer Zeitung erfahren, wie die Bedingungen des Wettbewerbs lauten. Was müssen die Schreiber beachten?* Abgabetermin, Anschrift der Redaktion, äußere Form, Länge des Textes, ...
3. *Wie ermittelt ihr die Gewinner des Schreibwettbewerbs? Überlegt, wie ihr die Geschichten bewerten könnt.*

Am Lagerfeuer

Feuer, Geschichte, Kartoffeln, Hitze, Nacht, Lied, Holz, Papier, Platz, Äste, Angst, Glück, Spaß, Freude
gefährlich, lustig, groß, hell, alt, dick, dunkel, heiß, warm, gut, trocken, spannend, dünn, richtig, naß, angenehm

4. *Notiere, was es bei einem Lagerfeuer gibt:*
   das große Feuer, die spannende Geschichte, ...
5. *Schreibe eine Lagerfeuergeschichte.*

Tauschbörsen

Jedes Kind in eurer Klasse sammelt etwas anderes, zum Beispiel: Briefmarken, Comics, Bilder, Kinderbücher, Kassetten, Aufkleber, Poster, Schnürsenkel, Radiergummis ...

6. *Was ist deine Sammelleidenschaft? Erzähle darüber.*
7. *Über eure Klassenzeitung könntet ihr eine Tauschbörse veranstalten. Mit dieser Tauschbörse könnt ihr eure eigene Sammlung bereichern. Überlege dir eine Anzeige. Schreibe sie auf.*

Übergang an weiterführende Schulen

1

Das neue Schuljahr

Sonja und ihre Freundinnen unterhalten sich in der Pause über das neue Schuljahr. Alle haben Wünsche und Erwartungen, Bedenken und Hoffnungen. Die Mädchen haben viele Fragen, die sie gern beantwortet haben möchten.

1. *Welche Wünsche, Erwartungen, Bedenken und Hoffnungen habt ihr? Sprecht darüber.*
2. *Schreibt eure Fragen an die neue Schule auf.*
   Denkt dabei auch an
   – Fächer,
   – Stundenplan,
   – Voraussetzungen für die Aufnahme in die Schule,
   – an den Nachmittagsunterricht,
   – Arbeitsgemeinschaften,
   – Pausen,
   – Schulweg, …
3. *Erstellt daraus einen Fragebogen.*
4. *Jetzt schreibt ihr einen Brief an die weiterführenden Schulen eures Ortes.*
   Bittet darum, daß die Fragen beantwortet werden.

Um in die Schillerschule zu kommen, muß ich mit dem Zug fahren.

In meiner neuen Schule kann ich sogar Ballett lernen!

Ich werde auch auf die Schillerschule gehen. Bestimmt kommen wir in die gleiche Klasse!

Muß ich zum Gymnasium, wenn ich einmal technische Zeichnerin werden will?

1 Fragen zum gegenseitigen Kennenlernen

Fragen an Viertkläßler

Der Lehrer oder die Lehrerin, die du im neuen Schuljahr bekommst, möchte dich möglichst bald genauer kennenlernen.
Dann versteht er oder sie dich besser und kann dir helfen.

1. *Was möchtest du ihm oder ihr von dir erzählen?*
   Überlege, was ihn oder sie wohl besonders interessieren könnte.
   Denke auch an folgende Fragen:

   Wie heißt du?
   Wo bist du geboren?
   Hast du noch Geschwister?
   Was sind deine Hobbys?
   Liest du gern? Welche Bücher gefallen dir besonders?
   Spielst du viel mit anderen?
   Bist du Mitglied in einem Verein?
   Was machst du dort?
   Welches sind deine Lieblingssendungen im Fernsehen?
   Welche Schulfächer liegen dir besonders?
   Was möchtest du später einmal werden?

   Sicher fallen dir noch mehr Dinge ein. Du brauchst aber nur das zu schreiben, was du der neuen Lehrerin oder dem neuen Lehrer gern anvertrauen möchtest.
2. *Du willst natürlich auch deine neue Lehrerin oder deinen neuen Lehrer besser kennenlernen.*
   Überlege, welche Fragen du an sie oder an ihn richten kannst.
   Schreibe diese Fragen auf, und besprich sie mit deinen Klassenkameraden.
   Denke daran, daß du nur solche Fragen stellst, die sie oder er dir auch gern beantworten möchte.
3. *Schreibe auf, wie du dir deine „Wunschlehrerin“ oder deinen „Wunschlehrer“ vorstellst.*

Sprachbetrachtung 2

- **Wortarten:**
  Substantive, Verben, Adjektive, Personalpronomen, Numeralien, Präpositionen
- Adjektive können auch als **Substantive** verwendet werden
  (frei: das Freie, im Freien, ins Freie).
  Wenn viel, etwas, nichts, wenig, alles vor einem Adjektiv steht,
  wird es groß geschrieben *(alles Gute, viel Neues).*
- Es gibt einteilige *(schneiden)* und zweiteilige *(schneidet ab)* **Verb**formen. Die zweiteiligen Verbformen werden in der Nennform (Infinitiv) zusammengeschrieben *(abschneiden).*
- **Verben stehen in verschiedenen Zeitformen**

  – *ziehen* ist die Nennform (Infinitiv)

Präsens (Gegenwart):	*ich ziehe*	
Präteritum (Vergangenheit):	*ich zog*	
Futur (Zukunft):	*ich werde ziehen*	zusammengesetzte
Perfekt (vollendete Gegenwart):	*ich habe gezogen*	Zeitformen

- **Futur (Zukunft):**

  Mit der Zeitform Futur drückt man aus, was erst in Zukunft geschieht.
  Das Futur wird aus der gebeugten Form von werden und der Nennform (Infinitiv) eines Verbs gebildet:
  Wir [werden] den Zirkus [besuchen].
- **Perfekt (vollendete Gegenwart):**
  Mit der Zeitform Perfekt drückt man aus, daß ein Geschehen bereits abgeschlossen ist. Das Perfekt wird aus der gebeugten Form von haben oder sein und einem Verb mit der Vorsilbe gebildet:
  Heute [hast] du in der Schule [geweint]. Toni [ist] im Sport [hingefallen].

- **Die gebeugten Formen von werden, haben und sein**

Zahl	Person	Präsens von			Präteritum von		
		werden	haben	sein	werden	haben	sein
EZ	1.	ich werde	ich habe	ich bin	ich wurde	ich hatte	ich war
EZ	2.	du wirst	du hast	du bist	du wurdest	du hattest	du warst
EZ	3.	er wird	er hat	er ist	er wurde	er hatte	er war
MZ	1.	wir werden	wir haben	wir sind	wir wurden	wir hatten	wir waren
MZ	2.	ihr werdet	ihr habt	ihr seid	ihr wurdet	ihr hattet	ihr wart
MZ	3.	sie werden	sie haben	sie sind	sie wurden	sie hatten	sie waren

- **Die Formen des Personalpronomens**

Fälle	Person Einzahl (Singlular)					Person Mehrzahl (Plural)		
1. Fall (Nominativ)	ich	du	er	sie	es	wir	ihr	sie
2. Fall (Genitiv)	meiner	deiner	seiner	ihrer	seiner	unser	euer	ihrer
3. Fall (Dativ)	mir	dir	ihm	ihr	ihm	uns	euch	ihnen
4. Fall (Akkusativ)	mich	dich	ihn	sie	es	uns	euch	sie

- **Adjektive** können wir miteinander vergleichen und steigern.
  Grundstufe: *kurz*
  Mehrstufe: *kürz|er|* – Endung -er
  Meiststufe: *am kürz|e|st|en* – Endung -e oder -est
- Wenn wir bei einem Vergleich Adjektive in der Grundstufe verwenden, heißen die Vergleichswörter so/wie: *Es ist so warm wie im Sommer.*
- Verwenden wir bei einem Vergleich ein Adjektiv der Mehrstufe, heißt das Vergleichswort als:
  Es ist wärmer als im vergangenen Jahr.

- **Numeralien (Zahlwörter):**
  Zahlen können wir auch als Wort schreiben. Diese Wörter heißen Numeralien. Es gibt bestimmte *(fünf, dreißig)* und unbestimmte *(einige, viele)* Numeralien.

- **Präpositionen (Verhältniswörter):**
- Präpositionen geben ein ganz bestimmtes Verhältnis zu einem Substantiv an *(an der Bank, vor der Bank, unter der Bank).*
- Die Präpositionen an, auf, hinter, in, neben, über, unter, vor, zwischen verlangen den Akkusativ (4. Fall), wenn wir fragen: Wohin ...? und den Dativ (3. Fall), wenn wir fragen: Wo ...?

- Die Präpositionen mit, nach, von, zu, aus, seit, bei, außer verlangen den Dativ (3. Fall).
- Die Präpositionen durch, für, ohne, um, gegen verlangen den Akkusativ (4. Fall).

Wortbildung und Wortbedeutung

- **Wortbildung durch Zusammensetzung:**
- Wortarten kann man zusammensetzen:
  Verb-Substantiv *(Schreibmaschine)*
  Präposition-Substantiv *(Anlauf)*

- Zusammengesetzte Substantive bestehen aus Grundwort und Bestimmungswort. Das Grundwort kennzeichnet die Wortart näher und paßt zum bestimmten Artikel des Substantivs. Das Bestimmungswort kennzeichnet das Grundwort näher. Die Schreibweise richtet sich nach dem Grundwort.
  himmelhoch (Bestimmungswort: *Himmel,* Grundwort: *hoch*)

- **Wortbildung durch Ableitung:**
- Durch Vorsilben (Präfixe) und Nachsilben (Suffixe) verändert sich die Wortbedeutung, manchmal auch die Wortart.

Vorsilben (Präfixe)	**Nachsilben** (Suffixe)
ent-, be-, ge-, er-, ver-, zer-, un-,	-isch, -ig, -lich, -los, -sam, -bar, -haft, -ung, -zeit, -heit, -in, -nis

Bau von Sätzen

- **Satzglieder:** Subjekt, Prädikat, Objekt

- Das Prädikat kann auch aus zwei Teilen bestehen. *(Sie schaltet das Licht ein.)*
  Die gebeugte Verbform (Prädikat) stimmt in Person und Zahl mit dem Subjekt überein.
  (Der Polizist regelt den Verkehr. – er regelt – 3. Person Einzahl)

- **Die Fälle des Substantivs:**

Zahl	Fall	der	die	das	Kontrollfragen
EZ	1. Nominativ	der Hund	die Katze	das Schaf	Wer? oder Was?
EZ	2. Genitiv	des Hundes	der Katze	des Schafes	Wessen?
EZ	3. Dativ	dem Hund	der Katze	dem Schaf	Wem?
EZ	4. Akkusativ	den Hund	die Katze	das Schaf	Wen? oder Was?
MZ	1. Nominativ	die Hunde	die Katzen	die Schafe	Wer? oder Was?
MZ	2. Genitiv	der Hunde	der Katzen	der Schafe	Wessen?
MZ	3. Dativ	den Hunden	den Katzen	den Schafen	Wem?
MZ	4. Akkusativ	die Hunde	die Katzen	die Schafe	Wen? oder Was?

- Substantive im Satz stehen in verschiedenen Fällen (Objekte).
  Es gibt den Nominativ (1. Fall), den Genitiv (2. Fall), den Dativ (3. Fall) und den Akkusativ (4. Fall).

- Das Subjekt des Satzes steht im Nominativ (1. Fall).

- Substantive im Genitiv (2. Fall) bestimmen meist ein anderes Substantiv näher.
  (der Duft der Rose)

- Dativ (3. Fall) und Akkusativ (4. Fall) bestimmen häufig ein Verb näher.
  dem Vater gratulieren / *den Vater fragen*

- Substantive im 1., 3. oder 4. Fall können auch durch Personalpronomen ersetzt werden.

- Bestimmte Verben verlangen einen bestimmten Fall.
  Folgende Verben verlangen den Dativ (3. Fall): *schaden, helfen, nützen, antworten, begegnen, danken, gratulieren, wünschen, zusehen, zuhören, vertrauen.*

- Folgende Verben verlangen den Akkusativ (4. Fall):
  sehen, suchen, abholen, fragen, finden, kennen, beobachten, betrachten, besuchen, grüßen, rufen, bitten.

- Manche Verben haben als nähere Bestimmung auch zwei Substantive bei sich, eines im Dativ (3. Fall) und eines im Akkusativ (4. Fall):
  putzen, holen, bringen, geben, schenken, beschreiben, erklären, zeigen, erzählen, überreichen.

Pflanzenrätsel

Als ich von meiner Mutter kam,
hatt' ich ein weißes Kleidchen an.
Das weiße verlor ich.
Das rote zierte mich.
Mein Herz war wie ein runder Stein,
mein Blut wie roter Wein.

Im Lenz erfreu ich dich,
im Sommer kühl ich dich,
im Herbst ernähr ich dich,
im Winter wärm ich dich.

Welches Glöckchen läutet nicht?
Welcher Zahn wächst auf der Wiese?
Welcher Hut wächst im Wald?
Welche Pflanze brennt und ist doch nicht heiß?

1. *Schreibe die Rätsel ab.*
   Welche Lösungen findest du?

Was verraten die Pflanzennamen?

Die Kletterbohne heißt so, weil ...
Die Brennessel nennt man so, weil ...
Die Wucherblume ...

2. *Schreibe die Sätze vollständig auf.*
3. *Suche andere Pflanzennamen, die etwas über die Pflanzen aussagen.*

Wer kennt die Farben?

Das Veilchen sieht blau aus, es ist veilchenblau. Die Taube sieht grau aus, sie ist ...

4. *Wie heißen die passenden Farben: Blatt, Meer, Reh, Tinte, Schokolade, Himmel, Gras, Apfel, Ziegel, Mais, Schnee?*
5. *Bei welchen Gelegenheiten benutzen wir solche Vergleiche: feuerrot, krebsrot, weinrot, purpurrot, blutrot?*
   Schreibe solche Beispiele auf:
   Wenn die Sonne untergeht, ist sie manchmal feuerrot.
   Wenn jemand einen Sonnenbrand hat, ist die Haut ...
   Wenn man auf dem Kopf steht, ist das ...

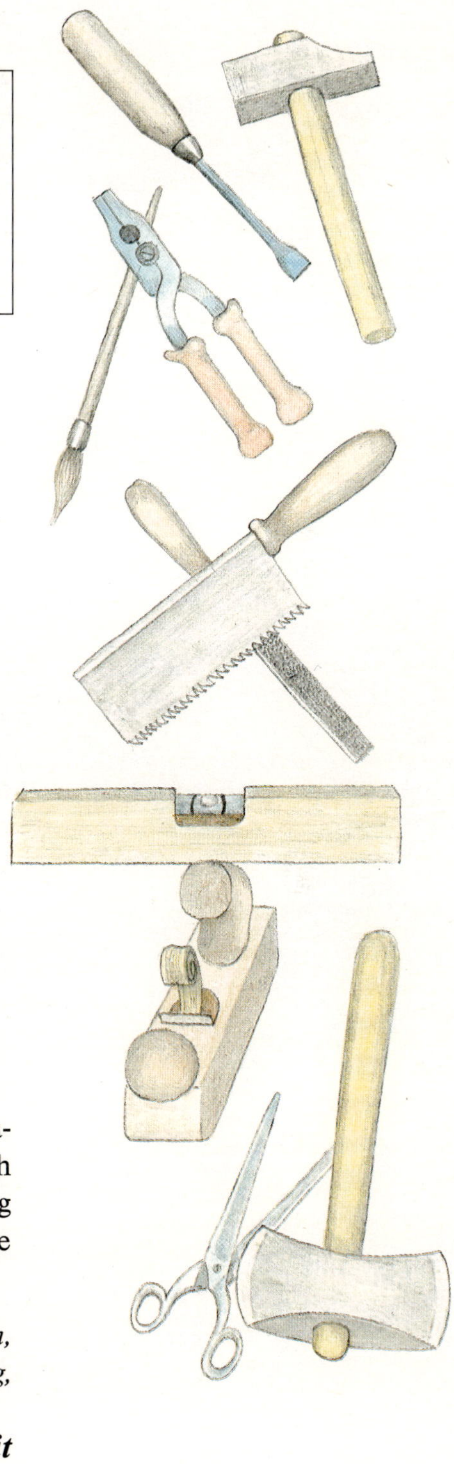

Zehn Werkzeuge

Q	S	C	H	R	A	U	B	E	N	Z	I	E	H	E	R	X	Z	A	B	C
P	C	W	A	S	S	E	R	W	A	A	G	E	O	S	T	U	V	W	X	Y
T	H	X	S	H	A	M	M	E	R	N	O	P	B	E	I	L	Q	R	S	T
V	E	Ö	Ä	L	Z	C	E	H	I	G	Q	R	E	K	Y	L	M	N	O	P
V	R	Ü	G	K	A	D	F	J	L	E	S	T	L	P	I	N	S	E	L	F
A	E	F	E	I	L	E	Y	B	E	G	K	M	N	U	V	O	X	P	Z	B

1. *Findest du die zehn Substantive?*
   Schreibe sie mit dem bestimmten Artikel auf.

Ist das richtig?

Der Maler streicht die Wand mit einer Schere.
Der Schreiner sägt das Holz mit einer Wasserwaage.
Der Tischler hobelt die Holzlatte mit einer Zange glatt.
Mit dem Hammer dreht man eine Schraube heraus.
Der Maurer mißt mit einer Säge, ob die Wände gerade sind.
Tapeten schneidet man mit einem Schraubenzieher.
Mit dem Pinsel klopft man einen Nagel in das Holz.
Mit einem Hobel zieht man den Nagel wieder heraus.
Mit einem Beil feilt man Metallspäne ab.
Mit einer Feile zerschlägt man Holz.

2. *Wie heißen die Sätze richtig? Schreibe sie auf.*

Arbeit

Bis vor zwei Jahren hatte unser Nachbar eine eigene Schuhmacherwerkstatt. Seither ... er in einer Schuhfabrik. Er hat sich seitdem dort gut ... und ist als Meister für die Ausbildung zuständig. Er hat eine feste ..., und sein ... ist nicht so lang wie früher.

3. *Welche Wörter passen in die Lücken: Vorarbeiter, arbeiten, ausarbeiten, einarbeiten, Arbeitszeit, Arbeitslohn, Arbeitstag, arbeitsam, arbeitslos, Facharbeiter, Arbeitszimmer?*
4. *Suche noch andere Substantive, die mit dem Wort* ***Arbeit*** *zusammengesetzt sind. Ordne alle Substantive, auch die aus Aufg. 3, so*

Arbeits*tag*	*Hand****arbeit***
...	...

2 Wörter verändern sich

Übungswörter:
Kran
scharf
wachsen

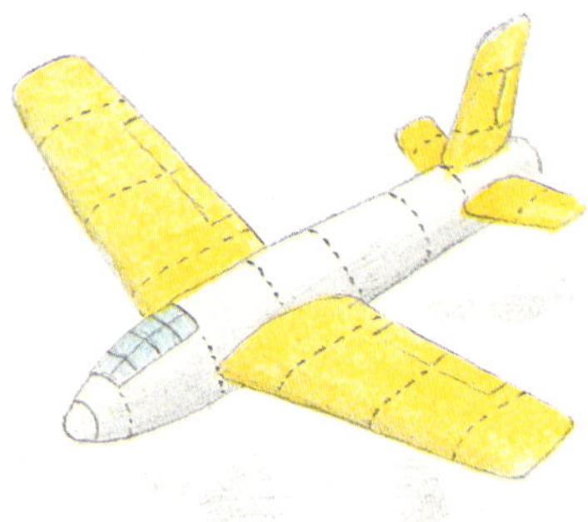

Aus a wird ä – ä kommt von a

1. *Substantive verändern sich:*
   Glas, Städte, Zähne, Schrank, Späße, Mann, Mäntel, Nacht, Sätze, Wand, Wald, Gast, Gläser, Gäste, Wälder, Stadt, Zahn, Schränke, Mantel, Spaß, Männer, Nächte, Satz, Wände.

Einzahl (Singular)	*Mehrzahl (Plural)*
das Glas	*die Gläser*

2. *Verben verändern sich:*
   fahren, schlägst, schlafen, trägst, tragen, behalten, fangen, fallen, hält, schlägt, wachsen, raten, rät, wäscht, halten, trägt, schläft, lassen, wächst, fängt, läßt, behält, fällt, fährst, wäschst, waschen, schläfst, behältst, fängst, rätst, läßt, fällst, fährt, hältst, schlagen.
   Schreibe die Verben auf, kreise den Umlaut ein:

wir	*du*	*er*
fahren	*fährst*	*fährt*

3. *Adjektive verändern sich.*
   Immer zwei gehören zusammen:
   kalt, stark, hart, scharf, alt, schwach, warm, nah, lang, arm – stärker, schwächer, ärmer, härter, kälter, älter, schärfer, wärmer, länger, näher.
   Schreibe so: kalt - kälter, ...

Mit der Lupe betrachtet – aus dem Flugzeug gesehen

Tina hat eine Lupe geschenkt bekommen. Wenn sie kleine Dinge unter die Lupe legt, sehen diese sehr groß aus.
Wenn man mit dem Flugzeug fliegt und nach unten schaut, sieht alles sehr klein aus.

4. *Wie sieht das alles aus, wenn man es mit einer Lupe betrachtet:*
   Näschen, Nägelchen, Drähtchen, Zähnchen, Gräslein, Gläschen, Händchen, Rädchen? Schreibe so:
   Ein Näschen sieht dann aus wie eine große Nase, ein Nägelchen wie ...
5. *Wie sieht man das vom Flugzeug aus:*
   Acker, Bank, Bahn, Ast, Schaf, Kran, Wald, Mann, Garten, Ball?
   Schreibe so:
   Vom Flugzeug sieht ein Acker aus wie ein Äckerchen, eine Bank wie ...

Berufe: Einzahl – Mehrzahl

2

Ruth möchte berühmt werden

Tina und Ruth sprechen über Berufe. Ruth erzählt: „Zwei meiner Freundinnen wollen Sekretärinnen werden. Aber ich würde gern später einmal berühmt sein. Dann wäre ich mit vielen (Schauspielerin, Schauspielerinnen), mit einigen (Sängerin, Sängerinnen), mit einer Menge (Sportlerin, Sportlerinnen), mit mehreren (Tänzerin, Tänzerinnen) und vielleicht sogar mit einer (Königin, Königinnen) befreundet."
Ulla sagt: „Ich schau' in der Zeitung nach, welche Stellen angeboten werden. Hier zum Beispiel: das Krankenhaus braucht zwei (Ärztin, Ärztinnen), einige (Pflegerin, Pflegerinnen) und (Laborantin, Laborantinnen). Auch (Verkäuferin, Verkäuferinnen) werden immer wieder von Firmen gesucht."

1. *Schreibe den Text auf. Setze dabei die richtigen Wörter ein.*
2. *Schreibe die Wörter mit den nachgestellten Wortbausteinen* -in *in der Einzahl (Singular) und in der Mehrzahl (Plural) auf:*
   die Freundin - die Freundinnen, die Sekretärin - die ...
3. *Trenne die Mehrzahlformen (Pluralformen) in Silben.*
4. *Wie heißen die männlichen Formen der Wörter aus Aufgabe 2? Schreibe so:* *die Freundin - der Freund, ...*

Die männliche Form der Berufe ist in Einzahl (Singular) und Mehrzahl (Plural) oft gleich, nur der Artikel ändert sich:
der Schneider - die Schneider
...

Nur Männerberufe?

Viele Berufe haben früher nur Männer ausgeübt. Suche aus diesen Berufen diejenigen heraus, die heute auch Frauen ergreifen: Busfahrer, Lokführer, Lehrer, Stahlarbeiter, Schmied, Pfarrer, Maurer, Schreiner, Dachdecker, Pilot, Schiffskapitän, Soldat, Politiker, Schlosser, Maler.

5. *Bei welchen Berufen ändert sich die Form in der Mehrzahl (Plural)? Schreibe so: der Schmied - die Schmiede*
6. *Schreibe die Berufe für Frauen und Männer auf:*
   der Busfahrer - die Busfahrerin ...

Der nachgestellte Wortbaustein -in macht aus der männlichen Form „Schneider" die weibliche Form „Schneiderin".
In der Mehrzahl (Plural) verdoppeln wir n:
Schneiderinnen.

Was könnte Tim werden? Was könnte Tina noch werden?

Tim kann Lehrer, Schneider, Koch, Arzt, Gärtner, Architekt, Krankenpfleger, Bauer, Gastwirt oder Bäcker werden.

7. *Schreibe die entsprechenden Berufe für Tina in der Einzahl (Singular) und in der Mehrzahl (Plural) auf. Rahme* -in *und* -innen *ein.*

2 Einzahl -nis, -in; Mehrzahl -nisse, -innen

Mit dem nachgestellten Wortbaustein -nis kann man **Substantive** bilden. Achtung: In der Mehrzahl (Plural) heißt der Baustein -nisse.

Übungswörter:
belohnen
glauben
kleben
leider
Sport, Sportler
Stoff
Wurst
Zeichen

Der nachgestellte Wortbaustein -in bezeichnet **weibliche** Personen:
der Arzt - die Ärztin.
In der Mehrzahl (Plural) wird aus -in -innen:
die Ärztin - die Ärztinnen.

Arbeit in der Schule

Frau Klein sagt zu Tim: „Deine beiden Ergebnisse sind leider falsch. Tina hat ein richtiges Ergebnis."
„Auf dem Sportplatz findet heute ein Hindernislauf statt. Wir müssen noch acht (Hindernis) aufstellen", kündigt Herr Kuhnert an.
„Mein Zeugnis ist ganz gut ausgefallen. Hattest du auch einige Male gute (Zeugnis)?" fragt Stefan seinen Vater. „Soll ich dir ein (Geheimnis) anvertrauen? Ich bin sogar einmal sitzengeblieben", antwortet dieser. „Zur Belohnung für deine guten Noten schenke ich dir das Buch ‚Meine (Erlebnis) mit Tieren'. Ich glaube, es wird dir gefallen."

1. *Schreibe die Sätze richtig auf. Rahme die Wortbausteine -nis und -nisse ein.*
2. *Schreibe nebeneinander:*
   das Ergebnis – die Ergebnisse, ...
3. *Laß dir den Text diktieren.*

Einkaufen ist auch Arbeit

Schnellkaffee, Buntpapier, Gelbwurst, Schwarztee, Süßstoff, Weißbrot, Dickmilch, Frischgemüse, Altpapier, Brennholz, Bratpfanne, Malbuch, Waschmaschine, Klebstoff, Schreibheft, Zeichenstift, Kochsalz, Bademantel

4. *Welche Adjektive und welche Verben stecken in den zusammengesetzten Substantiven? Lege eine Tabelle an:*

Adjektiv	*Substantiv*	*Verb*	*Substantiv*
schnell	*Kaffee*	*brennen*	*Holz*

Verschiedene Berufe

Apotheker, Kinderarzt, Verkäufer, Zeichner, Pfarrer, Polizist, Automechaniker, Lehrer, Krankenpfleger, Kraftfahrer, Tänzer, Koch, Fotograf, Sänger, Schauspieler, Gärtner, Bäcker, Musiker, Bauarbeiter, Bademeister, Doktor, Sportler

5. *Ordne die Berufsnamen nach dem Alphabet.*
6. *Wie heißen Frauen, die diese Berufe ausüben?*
   die Apothekerin – die Apothekerinnen, ..

Personalpronomen

2

Das Osternest

Zu Ostern backt Mutti für jeden von uns immer ein Osternest. ____ ist aus Hefeteig, und zum Frühstück verwenden wir ____ als Eierbecher. (Später legen wir unsere Schokoladeneier hinein.) Manchmal essen wir ____ auch gleich zum Frühstück. Mit Butter schmeckt ____ frisch am besten.

1. *Schreibe den Text auf. Setze die Personalpronomen ein.*
2. *Mein Ostergeschenk: Schreibe selbst eine kleine Geschichte mit wenigstens fünf Sätzen auf.*

Wem gehört der Osterstrauß?

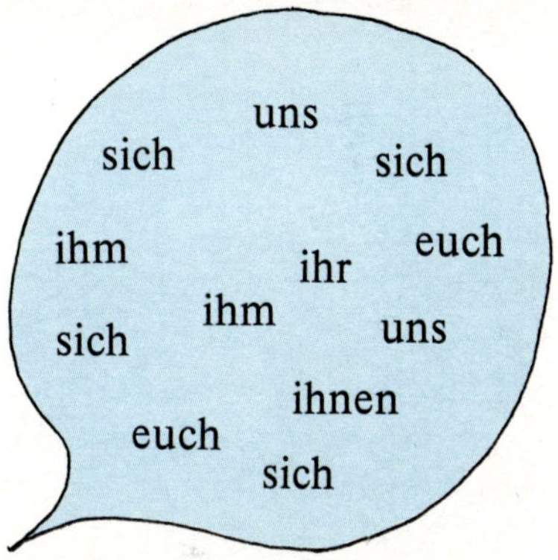

Ich habe den Osterstrauß für mich gekauft.	Er gehört mir.
Du hast den Osterstrauß für dich gekauft.	Er gehört dir.
Er (Tim) …	…
Sie (meine Schwester) …	…
Es (das Kind) …	…
Wir haben …	…
Ihr …	…
Sie …	…

3. *Ergänze die Sätze. Schreibe sie auf.*

Farbige Ostereier

Tim und Tina wollen Eier färben. ____ brauchen dazu einen Topf mit Farbe, Perlonstrümpfe, Eier, frische Löwenzahn- und Hahnenfußblätter.
Die Kinder probieren aus, wie ____ die Blätter um die Eier legen müssen, damit ____ nach dem Kochen ein schönes Muster haben.
Nun werden die Blätter am Ei befestigt. Die Mutter hilft mit: ____ zieht vorsichtig den Strumpf darüber. Tim und Tina binden ____ oben und unten fest zu, damit nichts verrutscht. ____ legen die verpackten Eier in die Farbe und kochen ____ acht Minuten.
Alle warten gespannt, wie das Muster aussieht und ob ____ ____ gefällt.

4. *Schreibe den Text ab. Setze die Personalpronomen ein.*
5. *Die Tiere auf den Bildern sind ganz einfach zu basteln. Es gehört nur ein wenig Phantasie dazu, und ihr habt in eurem Klassenzimmer ganz schnell einen kleinen Osterzoo.*

2 Substantive, Adjektive

Die Wurst

Endlich war Christian mit dem Einkaufen fertig. In seiner Tasche lagen Brötchen, Äpfel, eine Flasche Milch und Haselnüsse. Irgendwo dazwischen steckte die Tüte mit Wurst für das Abendbrot. Am Sportplatz stellte Christian seine Tasche ab und schaute beim Fußballspiel zu. Er sah nicht, wie ein Hund ankam, an der Tasche roch und die Wursttüte hervorzog. Der Hund packte sie mit den Zähnen und rannte schnell davon. Christian blieb noch kurze Zeit, nahm dann seine Tasche und ging weiter. Als er zu Hause ankam, packte er aus. Er glaubt immer noch, daß ihm die Wursttüte aus der Tasche gefallen ist.

1. *Schreibe alle Substantive aus dem Text auf.*
2. *Setze zu den Substantiven passende Adjektive, wenn möglich: frisch, groß, kalt, knackig, voll, lecker, schnell, hungrig, scharf, leicht.*
   Du kannst auch andere Adjektive benutzen.
3. *Übe die Wörter mit* ***ah, äh, ih, ll, mm, nn, ck, tz,*** *wie du es gelernt hast.*
4. *Laß dir den Text diktieren.*

Auf dem Markt

Auf dem Markt gibt es Bohnen, Brot, Tomaten, Trauben, Spinat, Gurken, Apfelsinen, Birnen, Äpfel, Rosen, Nelken, Gänse, Brötchen.

5. *Wie sollen diese Dinge sein? Schreibe auf:*
   Die Bohnen sind ganz frisch, jung, zart und fadenlos.
6. *Wie dürfen die angebotenen Dinge nicht sein?*
   Tomaten dürfen nicht grün, unreif, faul, fleckig, verdorben sein.
   Schreibe weitere Sätze auf.
7. *Welche Oberbegriffe gibt es für die Dinge auf dem Markt?*
   Brot und Brötchen sind Backwaren. Tomaten, ...
8. *Zusammengesetzte Adjektive sind oft anschaulicher:*
   Vor einer Woche waren die Birnen noch ____hart und ____grün. Jetzt sind sie ____gelb und ____weich. Die Melonen dort schmecken ____süß. Die Tomaten sind ____rot. Haben Sie schon einmal so ____große Kohlköpfe gesehen? Und meine Blumen sind ____frisch.

Substantivierte Adjektive 2

Überall wachsen und blühen Pflanzen

Familie Frank geht sonntags zu ihrem Wochenendgrundstück. Von Woche zu Woche blüht es dort schöner.
Da blühen die ersten Pfingstrosen. Dort grünt der Fliederbusch. Da wachsen ... Dort brechen die ... auf. ...

1. *Betrachte das Bild. Erzähle. Diese Verben kannst du dabei verwenden:*
   aufbrechen, ausschlagen, blühen, duften, gedeihen, grünen, keimen, klettern, ranken, herauskommen, wachsen, wuchern.
2. *Beschreibe nun genauer.*
   Gib an, wo etwas blüht und wächst:
   Du kannst dazu das Bild nehmen.
   Oder du schaust aus dem Fenster.
   Überall wachsen und blühen Pflanzen
   In der Blumenschale blühen Pfingstrosen. Der Flieder ...

Balkon
Beet
Blumenschale
Dachrinne
Gartenhaus
Geländer
Gitterwand
Rasen
Regentonne
Treppe
Zaun

Im Freien

Wir haben leider keinen eigenen Garten. Aber am Wochenende gehen wir bei gutem Wetter immer ins Freie. In aller Frühe streichen wir uns Brote und nehmen Getränke mit. Draußen im Grünen suchen wir uns einen Platz zum Spielen. Dort essen wir dann auch. Ganz in der Nähe ist ein Bach. Darin plantschen wir herum, wenn es uns zu warm wird.

3. *Suche die Adjektive heraus, die als Substantive verwendet wurden.*
   Übe sie so:
   frei, das Freie, im Freien, ins Freie
   Wir gehen zum Spielen ins Freie.
   früh, die Frühe, in der Frühe ...
   In der Frühe ...
4. *Bilde aus folgenden Adjektiven Substantive:*
   dunkel, hell, eng, naß, trocken, wüst, leer, streng, kurz, lang, breit, groß, alt, selten, besser, gut, ernst, böse.
   dunkel – die Dunkelheit – das Dunkel – im Dunkeln, ...
   hell – ...

2 Grundstufe – Mehrstufe – Meiststufe

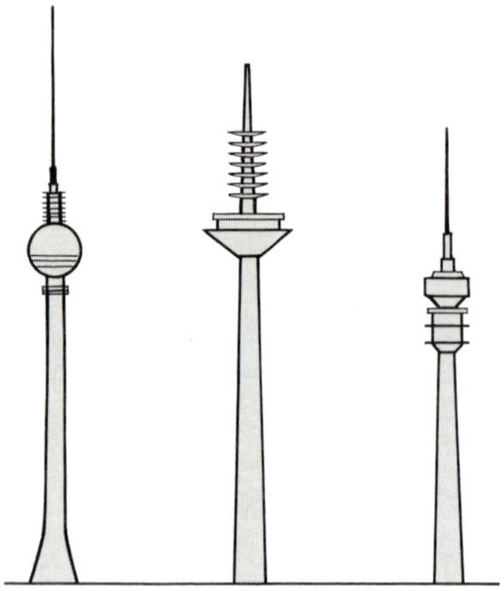

Berlin 365,00 m | Frankfurt 331,14 m | München 290,00 m

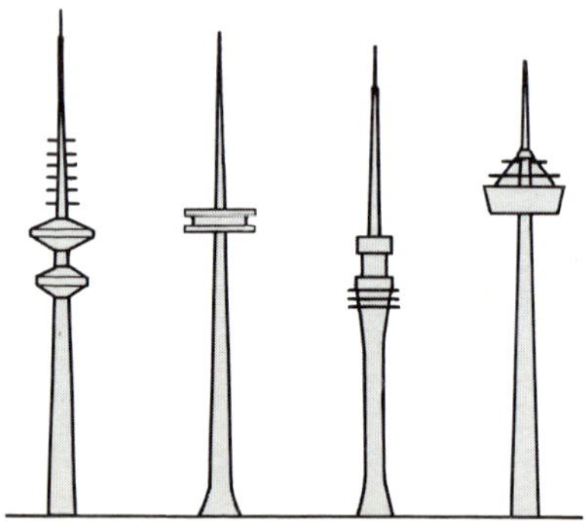

Hamburg 271,50 m | Koblenz 256,00 m | Dresden 252,00 m | Köln 243,30 m

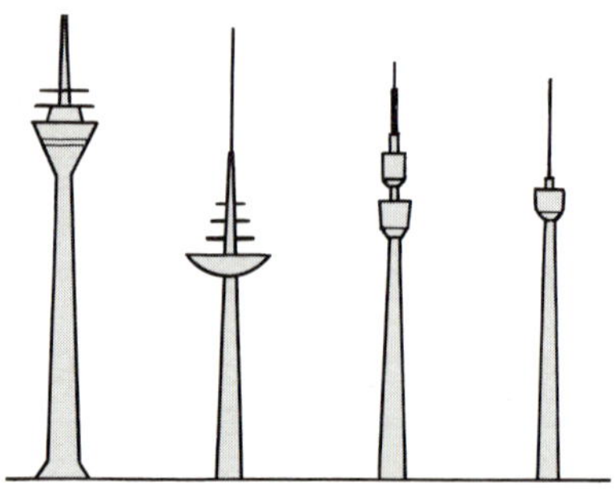

Düsseldorf 234,20 m | Kiel 229,50 m | Dortmund 219,60 m | Stuttgart 210,00 m

Elf Türme

1. *Vergleiche die Türme miteinander:*
   Der Dresdner Turm ist größer als der Kölner Turm.
   Der ...
   Denke auch an kleiner als.
2. *Bereite eine Tabelle in deinem Heft vor:*

Grundstufe	*Mehrstufe*	*Meiststufe*
groß	größer	am größten

   Trage auch diese Adjektive in solch eine Tabelle ein:

   alt, reich, kalt, kurz, schwach, schlimm, viel (Vorsicht!), schön, dick, dünn, lang, schmal, mächtig.
3. *So drückst du dich aus, wenn Personen, Tiere oder Dinge gleich sind:* ... ist so groß wie ...
   Vergleiche zwei gleiche Personen, zwei Tiere, zwei Bäume und zwei Häuser miteinander.
4. *Welche Türme gibt es bei euch?*
   Denke auch an Kirchen, Burgen, Wassertürme, Wachtürme, Uhr- und Glockentürme, Leucht-, Aussichtstürme.

Der kluge Spatz

Vor vielen Jahren fuhren die Bewohner einer bekannten Stadt einmal ... Tannenstämme heran. Weil sie der Breite nach geladen hatten, kamen sie nicht durch das ... Stadttor. Selbst die ... Ratsherren wußten keine Hilfe. Da machten sich die ... Bürger daran, den ... Torturm abzubrechen. Unter dem ... Dach baute ein Spatz sein ... Nest. Gerade flog er wieder mit einem ... Strohhalm an. Er hielt ihn der Breite nach in seinem ... Schnabel. Doch kurz vor der ... Mauerlücke drehte er ihn und trug ihn der Länge nach ins Nest. Da ging den Bürgern ein ... Licht auf. Sie beluden ihren Wagen der Länge nach, und die ... Pferde zogen an. Jetzt konnten sie mühelos durch das ... Tor fahren.

5. *Ergänze die Sätze mit den Adjektiven:*
   hell, eng, steil, lang, versteckt, spitz, mächtig, töricht, schmal, klug, alt, klein, kräftig.
   Schreibe den Text mit den Adjektiven auf.
6. *Steigere die Adjektive aus Aufgabe 5.*
   Trage sie in die Tabelle ein.

Zweiteilige Verbformen

2

In der Werkstatt und in der Fabrik

Früher gab es noch keine Schuhfabriken. Ein Schuhmacher fertigte im Durchschnitt zwei Paar Schuhe am Tag. Dabei verrichtete er alle Arbeitsgänge selbst.
In der Schuhfabrik arbeiten viele Männer und Frauen an Maschinen. Jeder führt immer nur einen kleinen Teil der Arbeit aus. In ungefähr 120 einzelnen Arbeitsgängen bereiten sie die 15 bis 20 Einzelteile eines Schuhs vor und fügen sie zusammen. Manche sortieren das Leder, andere schneiden es zu, eine Gruppe schrägt die Ränder ab, eine vierte schneidet das Futter zu. Dann kleben die Arbeiterinnen und die Arbeiter das Leder und das Futter Stück um Stück zusammen. Zuletzt befestigt man den Absatz am Schuh.
100 Arbeiter stellen etwa 800 Paar Schuhe am Tag her.

1. *Schreibe den Text ab.*
   Unterstreiche alle Verben.
   Beachte besonders die zweiteiligen Verben.
   Sie werden in der Nennform (Infinitiv) zusammengeschrieben:
   führt ... aus - ausführen ...
2. *Übe die Verben so:*
   geben - er gibt - er gab, ...
3. *Laßt euch den Text diktieren.*

Viele Familiennamen stammen von alten Berufen ab

Schreiner, Tischler, Jäger, Gärtner, Maurer, Richter, Näher, Förster, Maler, Bauer, Schreiber, Müller, Weber

4. *Ordne die Namen nach dem Alphabet.*
5. *In welchen der Namen stecken Verben?*
   Jäger - jagen, ...
6. *Suche im Telefonbuch noch 20 Familiennamen mit dem Wortbaustein* [er] *am Ende.*
   Schreibe sie auf.
7. *Welche Familiennamen passen zu diesen Verben:*
   singen, springen, schreien, treiben, sägen, falten, laufen, stören, rollen?
   Schreibe so auf:
   singen - Singer oder Sänger, ...
8. *Schreibe noch zehn weitere Verben und dazu passende Familiennamen auf.*

Es gibt einteilige und zweiteilige Verbformen:
schneiden,
schneidet ab - .
Die zweiteiligen Verbformen werden in der Nennform (Infinitiv) zusammengeschrieben:
abschneiden.

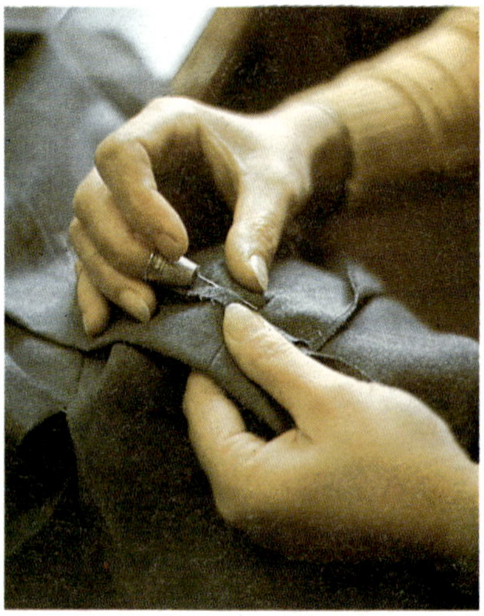

Stecknadeln

Vor zweihundert Jahren waren Stecknadeln noch sehr teuer. Ein Nadelmacher mußte den Draht ziehen, zurechtschneiden, zuspitzen, den Kopf fertigen und ansetzen, die Nadel im Feuer glühen und im Wasser abkühlen, polieren und schließlich einpacken. An einem Tag konnte er höchstens zwanzig Nadeln herstellen.
Da hatte jemand den Gedanken, von einem Arbeiter nur noch eine oder zwei Teilarbeiten verrichten zu lassen. Der eine schnitt den Draht zurecht. Der andere feilte die Spitze und so weiter.
So entstand eine kleine Fabrik mit zehn Arbeitern. Sie stellten am Tag nicht zweihundert, sondern einige tausend Nadeln her.

Merke dir, und schreibe so:
zieht – zog,
sieht – sah,
flieht – floh.

1. *Schreibe die Geschichte ab. Suche eine passende Überschrift.*
2. *Schreibe die schwierigen Wörter auf. Übe sie.*
3. *Schreibe Verben in der Nennform (Infinitiv) und im Präteritum auf: müssen - mußte, ...*
4. *Diktiert euch den Text gegenseitig.*

Nennform (Infinitiv):
ziehen, ...
Präsens: *ich ziehe, ...*
Präteritum: *ich zog, ...*

Präsens und Präteritum

Präsens

	ziehen	stehlen	sehen	verzeihen
ich	ziehe			
du		stiehlst		
er, sie, es			sieht	
wir				
ihr				
sie				

Präteritum

	ziehen	stehlen	sehen	verzeihen
ich	zog			
du		stahlst		
er, sie, es				verzieh
wir				
ihr				
sie				

5. *Übertrage die Tabelle in dein Heft. Fülle sie aus.*

Futur und Perfekt

2

Ein Tag wie kein anderer

Am Nachmittag gehen Ricardo und Antonio in die Musikschule. Sie wollen dort Klavier und Flöte spielen. Anschließend gehen sie zu ihrer Oma. Am Abend werden sie den Zirkus Berolina besuchen. Im Zirkus gibt es viele Überraschungen. Die Clowns werden bestimmt wieder alle zum Lachen bringen. Ricardo möchte auch in die Tierschau gehen. Antonio wird sich Zuckerwatte holen.

1. *Mit welchen Zeitformen kann man zukünftiges Geschehen ausdrücken? Ordne die einzelnen Sätze den Zeitformen zu.*
2. *Schreibe alle Sätze ab, die im Futur stehen.*
   Rahme die Formen des Futurs ein.
3. *Überlege, was die beiden Kinder noch zu sehen bekommen werden. Bilde selbständig drei Sätze im Futur. Das wird dir helfen:*

Person	*Einzahl (Singular)*	*Mehrzahl (Plural)*
1.	*ich werde ...*	*wir werden ...*
2.	*du wirst ...*	*ihr werdet ...*
3.	*er, sie, es wird ...*	*sie werden ...*

Mit der Zeitform Futur (Zukunft) drückt man aus, was erst in Zukunft geschieht.
Das Futur wird aus der **gebeugten Form von werden und der Nennform** (Infinitiv) **eines Verbs** gebildet:
Wir werden den Zirkus besuchen.

Mein Fahrrad

Ich habe heute mein Fahrrad lackiert. Es ist ganz gut geworden. Meine Eltern haben mir schon längst ein neues Fahrrad versprochen. Hoffentlich haben sie das auch so gemeint. Mein Vater hat den Rahmen schon einmal gestrichen. Viele Wochen sind seitdem ins Land gegangen. Manchmal bin ich deswegen schlecht gelaunt, aber ich gebe die Hoffnung nicht auf.

4. *Schreibe die Sätze ab, die im Perfekt stehen.*
5. *Rahme die Formen des Perfekts ein.*
6. *Welche Zeitform kommt noch im Text vor?*
   Finde die Stelle heraus.

Mit der Zeitform Perfekt (vollendete Gegenwart) drückt man aus, daß ein Geschehen bereits abgeschlossen ist.
Das Perfekt wird aus der **gebeugten Form von haben oder sein und einem Verb mit der Vorsilbe ge-** gebildet:
Heute hast du in der Schule geweint.
Toni ist im Sport hingefallen.

Freunde

Heute gehe ich ins Kino. Den Film habe ich zwar schon gesehen, aber ich werde ihn mir noch einmal anschauen.

7. *In diesem kleinen Text sind drei Zeitformen versteckt. Es sind dicke Freunde. Erkennst du sie?*

Futur (Zukunft) und Perfekt (vollendete Gegenwart) sind zusammengesetzte Zeitformen.
Futur: *ich werde spielen*
Perfekt: *du hast gespielt*

2 Numeralien (Zahlwörter)

der 1. ☐ ☐ 4. ☐ 6. 7.

1. *Das sind Ordnungszahlen. Welche Zahlen fehlen?*
   Schreibe so: der zweite Läufer, ...

Zahlen können wir auch als Wörter schreiben. Diese Wörter heißen **Numeralien** (Zahlwörter).

Abzählreim

2. *Kennst du das Spiel „Eins, zwei, drei – ins faule Ei“?*
   Das kann man auch als Abzählreim nutzen:
   Eins, zwei, drei und ab ins faule Ei.
   Fällt dir auch ein Abzählreim ein? Schreibe ihn auf.

Übungswörter:
acht, achtzig
dreißig
fünf, hundert
neun
sechs, sechzehn, sechzig
sieben, siebzehn, siebzig
tausend
vierzig
zehn, dreizehn
zwanzig
zwölf

Ordnung muß sein

3. *Schau dir die Übungswörter von der Pinnwand an. Sie sind alphabetisch geordnet. Suche die Numeralien im Wörterverzeichnis. Schreibe jeweils die Seite und Spalte dazu auf.*
4. *Im Mathematikunterricht haben die Zahlen eine andere Ordnung. Beginne mit der kleinsten Zahl.*
   Schreibe so: fünf, sechs, ...
5. *Übe mit deinem Partner. Sagt euch die Numeralien gegenseitig an. Beginnt mit der größten Numerale.*
6. *Suche dir sieben Numeralien aus, und bilde mit jeder davon einen Satz.*

Auf der Bank

Zahlen Sie gegen diesen Scheck
D fünfhundertachtunddreißig-DM 538,–
Betrag in Buchstaben

7. *Hilf deiner Mutter auf der Bank. Trage folgende Numeralien zur Übung in dein Heft ein:*
   935, 27 000, 3016, 13 594, 78
8. *Schreibe selbst fünf zusammengesetzte Numeralien auf. Benutze die Übungswörter.*

Mehrteilige Zahlen werden in der Regel als Ziffer geschrieben. Auf manchen Formularen muß man diese Zahlen aber ausschreiben.

Herr Schußlig weiß es nicht mehr

Waren beim Schulfest:
alle Kinder, einige Kinder, manche Kinder, etliche Kinder, einzelne Kinder, einige wenige Kinder, die übrigen Kinder, alle anderen Kinder, ein paar Kinder oder nicht so viele Kinder anwesend?

9. *Kannst du ihm diese Frage beantworten?*

Es gibt bestimmte und unbestimmte Numeralien.
bestimmt: acht, ...
unbestimmt: etliche, ...

Ostereier suchen

Die Eltern von Tim und Tina verstecken Ostereier.

1. ***Wohin** legen die Eltern die Eier?*
   Die Wörter auf dem Rand sagen es dir.
   Sie legen die Eier auf den Schrank, hinter ..., in ..., ...
2. ***Wo** finden Tim und Tina die Eier?*
   Die Kinder finden die Eier auf dem Schrank, hinter ...,
   in ..., ...
3. *Fallen dir noch mehr Verstecke für Ostereier ein?*

Präpositionen (Verhältniswörter) geben ein ganz bestimmtes Verhältnis zu einem Substantiv an:
auf der Bank, vor der Bank, unter der Bank.

Präpositionen, die den Dativ (3. Fall) verlangen

Fragen	**Antworten**
Mit wem sucht Tim Eier?	– mit Tina
Wonach suchen die Kinder?	– nach Eiern
Von wem werden die Eier versteckt?	– von den Eltern
Wo werden die Eier versteckt?	– zu Hause
Woher nehmen sie die Eier?	– aus dem Nest
Seit wann suchen die Kinder?	– seit Ostern
Wo suchen sie?	– bei dem Baum
Suchen alle mit?	– außer dem Vater

Die Präpositionen (kleine Wörter) **an, auf, hinter, in, neben, über, unter, vor, zwischen** verlangen den **Akkusativ** (4. Fall), wenn wir fragen: **Wohin** ...?
und den **Dativ** (3. Fall), wenn wir fragen: **wo** ...?

Tisch – Stuhl – Bett – Anorak – Vorhang – Schrank – Höhle – Uhr – Fernseher – Baum – Gras – Blumen – Erde – Ecke

Präpositionen, die den Akkusativ (4. Fall) verlangen

Fragen	**Antworten**
Durch wen werden die Eier versteckt?	– durch die Eltern
Für wen verstecken die Eltern Eier?	– für die Kinder
Verstecken sie die Eier mit den Kindern?	– ohne die Kinder
Warum gehen die Kinder in den Garten?	– um Eier zu suchen
Gegen was rennt Tim?	– gegen den Baum

Die Präpositionen **mit, nach, von, zu, aus, seit, bei, außer** verlangen den **Dativ** (3. Fall).

4. *Bilde aus allen stichpunktartigen Antworten Sätze.*
   Rahme jeweils die Präposition mit dem dazugehörigen Substantiv ein.

Die Präpositionen **durch, für, ohne, um, gegen** verlangen den **Akkusativ** (4. Fall).

2 Wortfamilien (gleicher Wortstamm)

Ein türkisches Spiel

Dieses Spiel kennt man vor allem in der Türkei. Es wird aber, etwas verändert, auch in anderen Ländern gespielt. Die eine Hälfte der Kinder steht der anderen in einem gewissen Abstand gegenüber. Jede Gruppe steht auf einer Linie. In der Mitte befindet sich ein Kind, das ein Taschentuch in seinen Händen hält. Es nennt nun immer ein Kind aus beiden Gruppen. Die erwählten Kinder rennen auf Zuruf los und versuchen, das Taschentuch zu fangen. Wer es fängt, darf den anderen auf seine Seite mitnehmen. Ziel des Spiels ist es, alle Kinder auf eine Seite zu bekommen.

Vorsicht! Nicht blind losrennen!

1. *Unvorbereitetes Diktat.*
2. *Nachbereitung: Schreibe die Wörter mit* ***ä*** *auf.*
3. *Die sieben Wörter mit* ***ä*** *gehören zu sieben Wortfamilien. Diese Wörter gehören auch zu diesen Wortfamilien: anders, Land, halb, halten, Hand, Veränderung, ändern, erwählen, halbieren, verändern, landen, handeln, Handlung, Wahl, handlich, auswählen, Auswahl, anhalten, festhalten.*
   Schreibe jede der Wortfamilien für sich auf.
4. *Suche weitere Wörter, die zu diesen Wortfamilien gehören. Unterstreiche den Wortstamm.*
5. *Diktiert euch den Text „Ein türkisches Spiel" gegenseitig.*

Ein Silbenrätsel

			Rät-			
Bäk-	Glä-	ängst-	-men	-ste	-ne	-ster
hän-	käm-	Bäl-	-ger	Trä-	-sel	ähn-
Bän-	Är-	-ke	Rä-	-ter	-lich	-ser
Gä-	näm-	Blät-	-ker	Zäh-	näch-	-ger
-gen	Län-	-der	-der	-lich	-le	-lich

6. *Alle Rätselwörter sind zweisilbig.*
   Schreibe sie nach Silben getrennt in dein Heft: Bäk - ker, ...
7. *Schreibe die Wörter ohne Trennung auf: Bäcker, ...*

(Lösung: Rätsel, Bäcker, hängen, Bänke, Gäste, Gläser, kämen, Ärger, nämlich, Länder, Bälle, Blätter, Räder, Träger, Zähne, ähnlich, nächster, ängstlich)

Feuerwehren löschen, retten, bergen, schützen

Wörter mit gemeinsamem Wortstamm gehören zu einer **Wortfamilie**.
Der Wortstamm muß nicht immer gleich sein:
helfen, Hilfe, …

So heißt der Grundsatz aller Feuerwehren. Er zeigt, daß sie vielfältige Hilfe leisten. Der Löscheinsatz ist nur eine von vielen Tätigkeiten. Die Feuerwehrleute sind tätig bei Unfällen, bei Hochwasser, bei Giftalarm und bei Ölunfällen.

1. *Schreibe auf, wie die Feuerwehr Hilfe leistet:*
   Brandbekämpfung: Die Feuerwehr löscht Gebäudebrände, Ölbrände, Waldbrände, …
   Unfallhilfe: Die Feuerwehr rettet Menschen, …
   Hilfe bei Unwetter: Die Feuerwehr …
2. *Wortfamilie „helfen": Helfer, Hilfe, abhelfen, Nachhilfe, mithelfen, nachhelfen, hilfsbereit, Aushilfe, Abhilfe, hilflos, heraushelfen, unbeholfen, hilfreich, Erste Hilfe, Hilfeleistung, Entwicklungshilfe.*
   Ordne die Wörter nach Substantiven, Verben und Adjektiven.
3. *Suche Wörter zur Wortfamilie „brennen".*

Kurzer Selbstlaut (Vokal) oder Umlaut

Straße, nah, Meter, Stimme, gerettet, hatte, Wasser, passieren, drinnen, Gefühl, während, besser, nennen, Donnerstag, heben, Regen, leer, Treppe, gehen, innen, rennt, dann, allein, allerdings, schnell, voll, mehr, Zimmer, offen, hier, Stoff

4. *Schreibe die Wörter mit kurzem Selbstlaut (Vokal)/Umlaut auf. Kennzeichne sie:*
   Stimme, …
5. *Bei welchen dieser Wörter ist der erste Selbstlaut (Vokal)/Umlaut kurz?*
   Schreibe sie nach dem Alphabet geordnet auf:
   glücklich, liegen, trocken, ihm, Ecke, zurück, Hitze, Boden, jetzt, plötzlich, backen, packen, Platz, hören, ohne, ruhig, müde, Stück, Jacke.
6. *Schlage die Wörter aus Aufgabe 5 im Wörterbuch nach: Welches Wort kommt davor, welches danach?*
   Schreibe auf:
   Bach   Blüte
   backen   Boden
   Bäcker   …

2 Wortstämme und Endungen

Tor!

Heute spielen Tim und seine Freunde auf dem Sportplatz Fußball. Gleich nach dem Anspiel bekommt Uli den Ball. Er läuft auf das Tor zu und will schießen. Im letzten Augenblick springt Achim mit seinem Fuß dazwischen. Der Ball rollt zu Stefan. Axel ärgert sich: „Warum hast du nicht abgegeben? Ich hätte bestimmt ins Tor getroffen." Kurz darauf freut sich die andere Mannschaft und ist glücklich über das 1:0. Stefan hat es erzielt. Erst in der letzten Minute kann Tim auf ein Zuspiel von Uli ausgleichen.

Spiel, komm, ... sind **Wortstämme** von Verben, **en, e, st, t** sind die **Endungen.**

1. *Schreibe alle Verben heraus.*
2. *Zerlege die Verben in Wortstämme und Endungen:*
   (spiel) [en], ... *sowie in vorangestellte Wortbausteine:*
   ... [ab] [ge] (geb) [en], ...
3. *Bei welchen Wörtern hast du Schwierigkeiten den Wortstamm zu finden? Schreibe sie auf, und setze die Nennform (Infinitiv) dazu:*
   will - wollen, hast - haben, ...
4. *Zu welchen Verben findest du passende Substantive:*
   spielen - das Spiel, laufen - der Lauf, ...?
5. *Laß dir den Text diktieren.*
6. *Schreibe die Geschichte im Präteritum auf:*
   Tor!
   Gestern ...

Ein Wortbauspiel: Wörter bauen

7. *Welche Wörter kannst du aus den Wortbausteinen vom Rand mit den Wortstämmen* ***spiel*** *und* ***nehm*** *bilden? Schreibe sie auf. Durch das Zusammenbauen mit Wortbausteinen wie* [ab], [vor], ... *bekommt ein Verb meist einen anderen Sinn:*
   Stefan will Ball spielen. Tina möchte gern vorspielen.
   Uli soll den Ball abspielen.
8. *Bilde mit dem Wortbausteinen vom Rand andere zusammengesetzte oder abgeleitete Verben:*
   laufen - ablaufen, ...
9. *Suche im Wörterbuch oder im Wörterverzeichnis zehn weitere Verben, die du mit Wortbausteinen vom Rand zusammensetzen kannst. Schreibe auf:*
   antworten - beantworten, ...

Ableitungen und Zusammensetzungen 2

Bei der Frühjahrswanderung

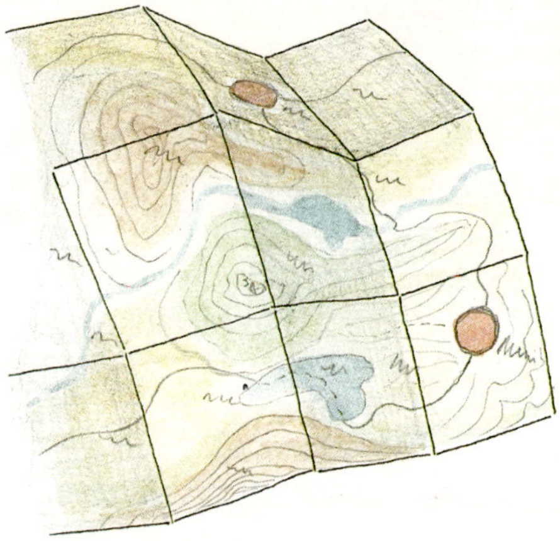

Diese Karte können wir brauchen, wir verwenden sie. Das Fernrohr auf dem Aussichtsturm kann man drehen und verstellen. Die Äcker in dieser Gegend tragen Frucht. Der Weg macht Mühe. Die Wanderer schweigen. Der Hund gehorcht. Wir zweifeln an der Auskunft. Die Beschreibung hat Fehler.

1. *Wir verwenden die Adjektive mit den Nachsilben (Suffixen)* *-bar*, *-sam*, *-haft*;
   Diese Karte ist brauchbar, sie ist ...
   ...
   Der Weg ist mühsam. Die Wanderer ...
   ...
   Die Auskunft ist ...

Bildhafte Adjektive

Was ist größer als groß? Was ist höher als hoch? Was ist leichter als leicht? Was ist klarer als klar? Was ist schwärzer als schwarz? Was ist jünger als jung? Was ist älter als alt? Was ist ärmer als arm? Was ist böser als böse? Was ist trauriger als traurig? Was ist müder als müde? Was ist glatter als glatt? Was ist stiller als still?

riesengroß, himmelhoch, federleicht, sonnenklar, pechschwarz, blutjung, steinalt, bettelarm, bitterböse, tieftraurig, hundemüde, spiegelglatt, mucksmäuschenstill

2. *Es wird nicht nach Gegenständen gefragt, sondern nach einem stärkeren Ausdruck:*
   Größer als groß ist riesengroß. Höher als hoch ist ...

Wir bauen Wörter zusammen

3. *Aus den 14 Substantiven vom Rand kannst du mindestens sieben zusammengesetzte Substantive bilden. Schreibe sie auf.*
4. *Suche diese Wörter im Wörterbuch:*
   Büroschrank, Landkarte, Regenjacke, Kaffeetasse, Ringbuch.
   Notiere die Seiten, auf denen du sie entdeckt hast.
   Es kann sein, daß die Wörter so nicht im Wörterbuch stehen. Dann mußt du die Wörter zerlegen und an zwei Stellen im Wörterbuch suchen: Büroschrank unter Büro und Schrank ...
   Schreibe die Seitenzahl des Wörterbuchs zu jedem Wort.
5. *In welche einzelnen Wörter mußt du diese Wörter zerlegen, wenn du sie nachschlagen willst:*
   Schreibtisch, Badehose, Kochlöffel, Drehstrom?
   Schreibe jeweils das Verb und das Substantiv auf:
   Schreibtisch – schreiben, der Tisch, ...

Filz Schüler
Zeitung Schreiber
Deutsch Geschäft
Bild Tier
Papier Schrank
Geschichte Haus
Lehrerin Ecke

2 Zusammengesetzte Substantive

Mit **Substantiven** benennen wir Menschen, Tiere, Pflanzen und Dinge. Substantive schreiben wir **groß**. Substantive können **bestimmte Artikel** (der, die, das) oder **unbestimmte Artikel** (ein, eine) haben.

Fahrradteile

Satteltasche, Vorderradbremse, Schlußleuchte (mit Rückstrahler), Hinterradbremse, Werkzeugtasche, Gepäckträger, großflächiger Rückstrahler, Gangschaltung, (gelbe) Pedalrückstrahler, Tachometer, Luftpumpe, Scheinwerfer, Glocke, Kettenschutz, Speichenrückstrahler, (weißer) Frontrückstrahler

1. *Welche neun Teile sind für die Verkehrssicherheit des Fahrrads vorgeschrieben?*
   Schreibe die Substantive mit dem bestimmten Artikel auf.
2. *Hier kannst du prüfen, ob du die Aufgabe 1 richtig gelöst hast: Richtig zusammengesetzt, nennen die Silben auf dem Rand die gesuchten neun Teile.*
3. *Wozu brauchst du die neun Teile?*
   Schreibe Sätze auf:
   An meinem Fahrrad brauche ich eine Vorderradbremse und eine Hinterradbremse, damit ich schnell und sicher bremsen kann ...

Groß	brem	brem
flä	ler	ler
Spei	strah	strah
chen	chen	fer
leuch	rück	Vor
strah	te	Pe
ler	Front	Glok
rück	Schein	Schluß
ter	ler	wer
Hin	ke	
se	se	
der	rad	
rad	dal	
rück	rück	
strah		

Kinderfahrrad ...
Fahrradsattel ...

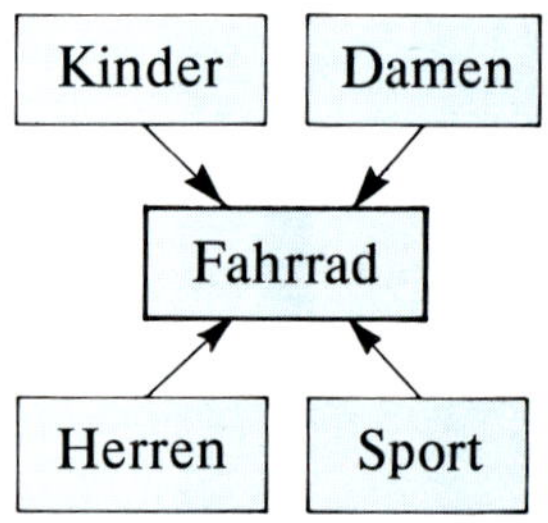

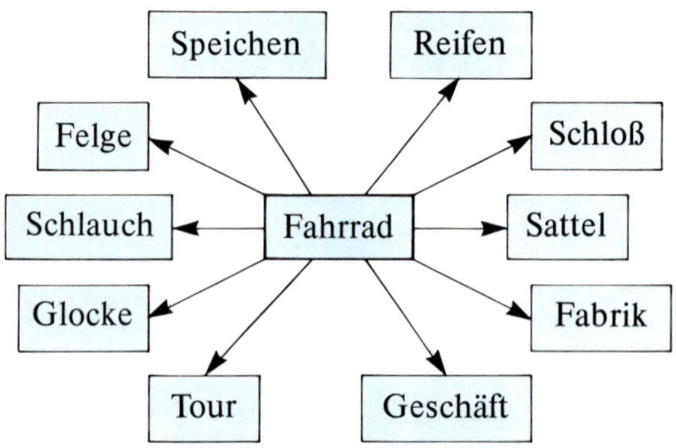

4. *Schreibe Sätze mit den zusammengesetzten Substantiven auf.*

Grundwort und Bestimmungswort

2

Wortbauspiele

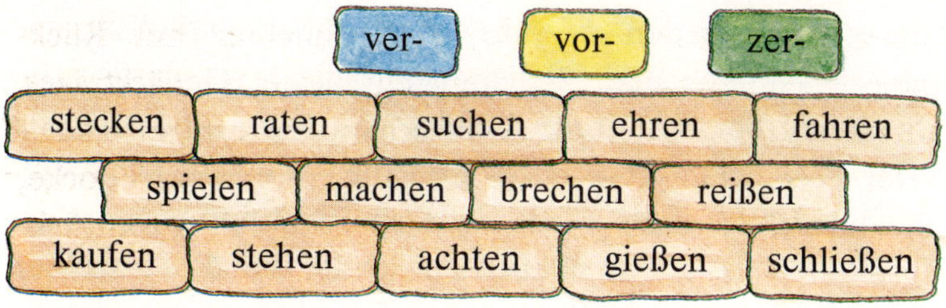

Merke dir gut:
vor- und ver- schreiben
der Mann und die Frau
immer mit **v**!

1. *Bilde zusammengesetzte Verben mit den Wortbausteinen* ver-, vor-, *und* zer-.
2. *Bilde Sätze mit diesen Verben.*
3. *Bilde Unsinnwörter:*
   zerstecken, ...
4. *Bilde Substantive mit den Wortbausteinen.*
5. *Setze die Wortbausteine vom Rand zusammen.*

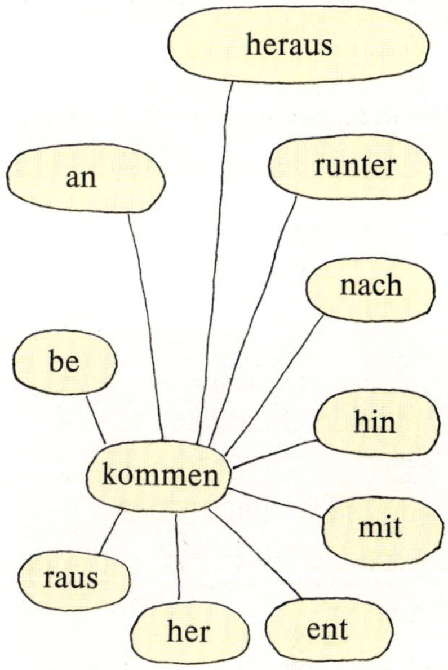

Viele verschiedene Häuser

Grundwort: Haus
Bestimmungswörter: Garten, Puppen, Gast, Schnecken, Holz, Bank

Das gehört zum Haus

Grundwörter: Tier, Schlüssel, Dach, Wand, Klingel, Tür, Schuhe
Bestimmungswort: Haus

6. *Bilde aus den Grund- und Bestimmungswörtern zusammengesetzte Substantive. Setze jeweils den Artikel davor:*
   das Garten<u>haus</u>
7. *Unterstreiche die Grundwörter. Überprüfe, ob der Artikel zum Grundwort paßt.*
8. *Erkläre die Bedeutung der Wörter.*
9. *Kennst du noch andere Häuser oder Dinge, die zum Haus gehören?*
   Schreibe sie auf: das Kranken<u>haus</u>,
   der Haus<u>meister</u>, ...
10. *Denke dir selbst Grund- und Bestimmungswörter aus.*

Zusammengesetzte Substantive bestehen aus Grundwort und Bestimmungswort.
Das Grundwort kennzeichnet die Wortart und paßt zum bestimmten Artikel des Substantivs.
Das Bestimmungswort kennzeichnet das Grundwort näher.
das Baumhaus
Baum (Bestimmungswort) → Haus (Grundwort)
das Haus

Wofür entscheidet sich Anja?

Anja setzt sich an den ------bt---- und überlegt. Soll sie eine -üg----------- oder lieber das neue -----ez--- aufschreiben? Vor ihr liegen bereits das -------pa----, der ---ier-----, die --st-------- und die ------ft-. Anja entscheidet sich für das -----ez---. Den Text tippt Anja auf der -----------in-. Anschließend zeichnet sie die einzelnen -----------tt- in Bildfolgen auf. Die Bilder schneidet sie aus und klebt sie zu den passenden Texten.
Wenn der Beitrag in die Zeitung kommt, muß Anja ihn noch auf eine Matrize übertragen und ihn auf dem -op-------- vervielfältigen.

Kopiergerät
Malstifte
Kochrezept
Schreibmaschine
Schreibtisch
Arbeitsschritte
Lügengeschichte
Schreibpapier
Bastelschere
Radiergummi

1. *Welche der zusammengesetzten Substantive rechts passen in die Lücken?*
   Zur Kontrolle sind im Text schon einige Buchstaben vorgegeben.
2. *Schreibe den Text vollständig ab.*
3. *Die Lückenwörter bestehen jeweils aus einem Verb und einem Substantiv.*
   Fertige eine Tabelle an.

Verb	*Substantiv*	*zusammengesetztes Substantiv*
schreiben	Tisch	Schreibtisch
lügen	Geschichte	...
kochen	...	...

4. *Diktiert euch den Text „Wofür entscheidet sich Anja?" gegenseitig.*
5. *Zur Herstellung einer Klassenzeitung braucht man noch weitere Dinge. Bilde aus den folgenden Wörtern möglichst viele zusammengesetzte Substantive.*
   Schreibe sie auf.

Verben	*Substantive*
kleben	*Stoff*
zeichnen	*Stift*
schreiben	*Papier*
drucken	*Kasten*
malen	*Gerät*

6. *Bilde mit den zusammengesetzten Wörtern aus Aufgabe 5 Aussage-, Frage- und Aufforderungssätze:*
   Tim, gib mir doch bitte den Klebstoff!
   Tina, wo ist denn der ...?

Ein Mißverständnis

Amir kommt aus der Türkei und ist noch nicht lange in Deutschland. Natürlich kann er Türkisch, aber Deutsch spricht Amir noch nicht so gut.
Gestern wollte er seinen Vater an dessen Arbeitsplatz im Elektrizitätswerk besuchen. Er kam an eine geschlossene Tür, als gerade ein Arbeiter vorbeikam.
Amir fragte den Mann: „Darf ich dort zutreten? Ich suche meinen Vater."
Der Mann antwortete: „Das heißt eintreten." Amir meinte darauf: „Aber dort steht doch Zutritt verboten." Der Arbeiter lachte und sagte: „Ja, Deutsch ist manchmal schwer."

1. *Wie kam es zu dem Mißverständnis?*
2. *Erkläre diese Wörter mit Beispielsätzen: abtreten, austreten, eintreten, festtreten, hintreten, heraustreten, durchtreten, herantreten, niedertreten, übertreten, umtreten, vortreten, wegtreten, zurücktreten, zutreten.*
3. *Welche Wörter können auch zu solchen Mißverständnissen wie bei Amir führen? Schreibe Beispielsätze auf.*

Sehen und werfen

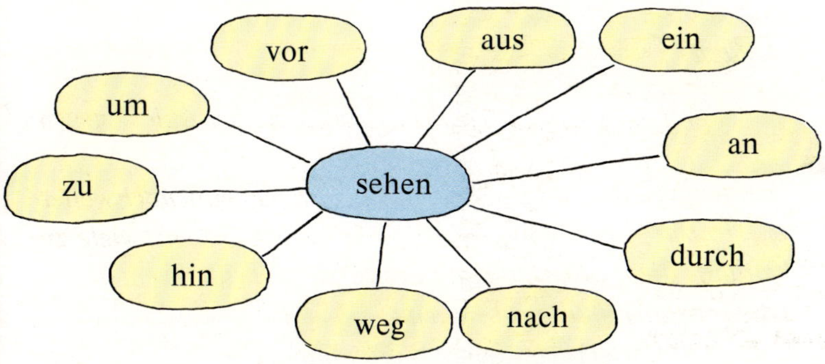

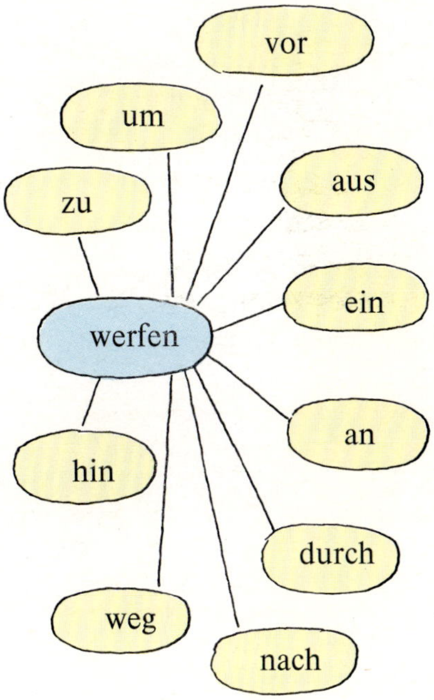

4. *Setze die kleinen Wörter mit dem Verb „sehen" zusammen.*
5. *Erkläre die verschiedenen Bedeutungen der Wörter.*
6. *Welche kleinen Wörter findest du, die zu „werfen" passen? Schreibe die Verben auf. Erkläre sie.*
7. *Was ist an diesen Sätzen falsch, obwohl der richtige Wortbaustein beim Verb steht?*
Ich wegwerfe keinen Abfall. Meine Mutter durchsieht meine Hausaufgaben. Meine Schwester und ich ansehen uns den Film. Mein Bruder zuwirft mir den Ball.

2 Ableitungen und Zusammensetzungen

Übungswörter:
entgegen
entlang
wegnehmen
wegwerfen

gegen
schließen
nehmen
lassen
wenden
Schlüssel
fern
Schuld
laufen
lang

Eine schwere Entscheidung

Die Schüler der Klasse 4a setzen sich zusammen, um zu entscheiden, welche Beiträge in die Klassenzeitung übernommen werden sollen.
Der Klassensprecher entleert den Ordner, in dem die Entwürfe gesammelt sind. Während er die Texte vorliest, entsteht unter den Schülern eine große Spannung. Einige Wörter sind so undeutlich geschrieben, daß der Klassensprecher sie nur mühsam enträtseln kann.
Langsam wird die Stimmung der Kinder entspannter. Bei der Abstimmung sind einige Schüler enttäuscht, weil ihre Beiträge entfallen sollen.
Deshalb schlägt Jana vor: „Die werden nicht weggeworfen. Ihr könnt sie verbessern und dann für unser Geschichtenbuch verwenden."
Damit sind alle einverstanden.

1. *Ordne die Wörter mit der Vorsilbe (Präfix)* ent- *in die Tabelle ein.*
   Vervollständige die Tabelle.
   Schreibe zu jedem Wort die fehlende Wortart.

Verben	*Substantive*
entscheiden	Entscheidung
entleerte	...
...	Entwürfe
...	...

2. *Trenne diese Wörter:*
   ent - schei - den, Ent - ...
3. *Verbinde die Wörter links mit der Vorsilbe (Präfix)* ent-.
   Trage sie auch in die Tabelle ein.
4. *Suche im Wörterbuch weitere Wörter mit* ent-.
5. *Welche der folgenden Wörter kannst du mit dem Wortbaustein* weg- *zusammensetzen:*
   fahren, setzen, gelb, werfen, treten, Vorschlag, Tafel, laufen, lassen, kennen, geben, kommen, heißen, fliegen, bleiben, anfangen, groß, nehmen? Schreibe auf: wegfahren, ...
6. *Suche im Wörterbuch noch zehn Wörter mit dem Wortbaustein* weg-.
7. *Suche dir fünf Wörter mit* ent- *und fünf mit* weg- *aus.*
   Schreibe Sätze auf, in denen diese Wörter vorkommen.

Wörter mit v, ver-, vor-, -nis, -er

Übungswörter:
Vase
verbieten
verteidigen
verwechseln
verzeihen, verzieh
Volk
voran
Vorsicht, vorsichtig

Wörter mit v

Vorsicht, vergißt, Vater, vergaß, vorsichtig, vier, verloren, verrückt, Vogel, verlieren, aus Versehen, verstecken, verwechseln, Verstand, verteidigen, November, voran, viele, Vögel, verzieh, vorbei, verbieten, vorher, vielleicht, vergessen, Pullover, vorn, vormittags, viel, Kurve, Klavier, von, Vormittag, verletzt, voll, Verkehr, vor, vorsichtig, Vase, Volk, verzeihen

1. *Ordne die Wörter so:*
   Wörter mit dem Wortbaustein [ver-]: vergißt, ...
   Wörter mit dem Wortbaustein [vor-]: Vorsicht, ...
   Andere v-Wörter: Vater, ...
2. *Wo wird das **V** wie **W** gesprochen?*
3. *Die Wörter „viel“ und „fiel“ sind besonders schwierig.*
   Merke dir deshalb:

Kannst du die Hilfe erklären?

Der Wortbaustein [-nis]

Aus diesen Wörtern kannst du mit dem nachgestellten Wortbaustein [-nis] Substantive bilden: erleben, geheim, erlauben, wild, wagen, hindern, ergeben, finster.

4. *Schreibe die Substantive auf. Setze sie in die Mehrzahl (Plural):*
   das Erlebnis - die Erlebnisse, ...

Personen oder Gegenstände?

Bleistiftspitzer, Rennfahrer, Fließbandarbeiter, Staubsauger, Radfahrer, Kunstmaler, Tennisschläger, Dauerlutscher, Kunstturner, Rasenmäher, Kugelschreiber, Wolkenkratzer, Hotelkellner, Nußknacker, Starkstromelektriker

5. *Ordne: Personen und Gegenstände.*
6. *Bilde mit diesen Verben und dem Wortbaustein [-er] Substantive.*
   lehren, sprechen, schwimmen, arbeiten, laufen, kleben, füllen, packen, schneiden.
   Welches sind Personen, welches Gegenstände?
7. *Die Personen auf den Bildern stellen Gegenstände dar. Welche erkennst du?*

2 Wörter mit ver-, vor-, ge-, Substantive

ändern	sprechen
laufen	ärgern
stehen	zaubern
stellen	lesen
sehen	setzen
legen	reisen
gehen	kommen
teilen	schieben
suchen	raten

Die Wortbausteine **ver-** **und** **vor-**

1. Setze die Verben rechts mit ver- *oder* vor- *zusammen. Einige kannst du sowohl mit dem einen als auch mit dem anderen Wortbaustein zusammensetzen. Unterstreiche sie.*

2. Schlage deine Wörter im Wörterbuch nach.

3. Schreibe Sätze mit den unterstrichenen Verben der Aufgabe 1.

4. Aus diesen Wortteilen werden vollständige Substantive, wenn du sie mit Ver- *oder* Vor- *zusammensetzt:*

... band, ... steck, ... käufer, ... besserung, ... bot, ... ort, ... teil, ... brauch, ... fahrt, ... mittag, ... name, ... hang, ... sicht, ... trag, ... sehen.

5. Überprüfe deine Lösung mit dem Wörterbuch. Ordne im Heft:

Ver-	Vor-

Wörter mit **ge-**

geärgert, gefroren, geguckt, gehoben, hingefallen, geklebt, geklettert, gekrochen, geschafft, gelogen, reingegangen, geschoben, gesehen, gesprungen, gestorben

6. Wie heißen die Nennformen (Infinitive)? Schreibe sie auf.

7. Dein Nachbar prüft, ob alles richtig ist.

Aus **Adjektiven** können **Substantive** gebildet werden. Dann schreibt man sie **groß**.

Wenn **viel, etwas, nichts, wenig, alles vor** einem **Adjektiv** steht, wird dieses **groß** geschrieben: *alles Gute*. (Aber: *alle guten Wünsche!*)

Aus Adjektiven können Substantive werden

Der Kleine mit dem Hündchen ist lustig. Der Lange kann am besten turnen. Der Dicke dort fällt immer hin. Das Rot des Vorhangs ist sehr dunkel.

8. Einige Substantive in diesen Sätzen wurden aus Adjektiven gebildet. Schreibe sie auf:
der Kleine – klein, ...

9. Setze die Wörter „alles", „viel", „wenig", „etwas", „nichts" vor die folgenden Ajektive: gut, böse, billig, schön, besser, herrlich, groß, brauchbar, schlecht.
Verwende die Wörter in Sätzen:
alles Gute – Ich wünsche meiner Mutter alles Gute zum Geburtstag.

Nachsilben (Suffixe) -heit, -keit, -ung

Tina an der Tankstelle

In der Nähe der Wohnung von Tina, Tim und ihren Eltern steht eine neue Tankstelle.
Heute sieht Tina dort einen riesigen Tanklastzug stehen, der große Mengen von Benzin bringt.
In der Waschhalle drehen sich nasse Bürsten, mit denen ein schmutziges Auto gereinigt wird.
Auf der Hebebühne steht ein Wagen, bei dem ein Mechaniker gerade die Radmuttern abschraubt.
„Vielleicht tauscht er die Bremsklötze aus", vermutet Tim.
Tina meint: „Oder das Auto bekommt neue Reifen."

1. *Schreibe die Adjektive heraus:*
   neu, ...
2. *Vor welchen Substantiven steht ein unbestimmter Artikel?*
   Schreibe so auf:
   eine Tankstelle, ...

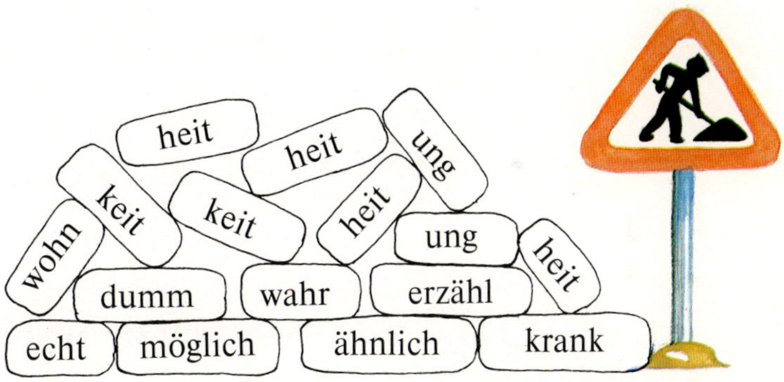

Wortbausteine für Substantive

3. *Baue die Substantive zusammen*
   Schreibe sie mit dem bestimmten Artikel auf.
   Achte auf die Großschreibung:
   die Erzählung, die Möglichkeit, ...
4. *Setze vor die Substantive passende Adjektive:*
   spannend, echt, groß, wirklich, gemütlich, täuschend, heilbar, geprüft.
   die spannende Erzählung ...
5. *Zerlege die folgenden Substantive:*
   Ängstlichkeit, Bebauung, Schönheit, Heizung, Bequemlichkeit, Feinheit, Sauberkeit, Belohnung, Freundlichkeit, Meinung, Einfachheit, Besserung, Falschheit, Berichtigung, Farbigkeit, Neuheit, Fröhlichkeit.
   Schreibe so:
   Wörter mit -heit *: Schönheit - schön, Feinheit - ...*
   Wörter mit -keit *: Ängstlich - ängstlich, ...*
   Wörter mit -ung *: Heizung - heizen, ...*

Substantive können
- mit Hilfe der Nachsilbe -ung von Verben,
- mit Hilfe der Nachsilben -heit und -keit

von Adjektiven abgeleitet werden.

2 Substantive mit -heit, -keit, -ung

Die Mahlzeit vom Wegrand

Neulich sah Tim die Nachbarin, Frau Stein, mit Handschuhen, einem Messer und einem Korb fortgehen.
Tim fragte sich: „Was wird sie wohl sammeln?“
Als Frau Stein zurückkam, erfuhr er des Rätsels Lösung: Sie hatte am Waldrand Brennesseln gesammelt. Sie sind gut geeignet zur Blutreinigung. Man muß besonders auf die Sauberkeit achten. Pflanzen vom Straßenrand soll man nicht essen. Außerdem müssen die Brennesseln, die man ißt, noch ganz jung sein.

1. *Schreibe die Substantive mit den Nachsilben (Suffixen) -keit und -ung heraus.*
2. *Formuliere die Sätze mit diesen Substantiven so um, daß aus ihnen Verben und Adjektive entstehen:*
   Als Frau Stein zurückkam, löste sie das Rätsel.
   Sie sind gut geeignet, um das ...

WTDBEOBACHTUNGÜPT
PBNBELOHNUNGBFDSB
OPBDFDSPACKUNGNBV
AHNUNGJKLGDSARETC

FIMLTM
RSÖAEE
EIGNHN
ICLERS
HHIULC
EECHIH
IRHECH
THKIHE
BEETKI
SIIFET
ETTGIO
SQRHTM

Substantive mit -ung, -heit, -keit

hoffen	tapfer	trocken
betrachten	sauber	sammeln
gemütlich	erzählen	nützlich
rauh	träge	schädlich
klar	einfach	heizen
einladen	leicht	steil
echt	rein	frech
lustig	meinen	freundlich
erinnern	bewegen	bezahlen

? -ung -heit -keit

3. *Bilde aus den Wörtern und Nachsilben (Suffixen) Substantive.*
   Schreibe so:
   hoffen - die Hoffnung, ...
4. *Links haben sich kreuz und quer zehn Wörter mit -ung, -heit, -keit versteckt.*
   Schreibe sie mit dem Artikel auf.

Fastenzeit

Auch heute essen viele Christen in der Fastenzeit fleischlose Kost. Bis zum 15. Jahrhundert hatte die Kirche außerdem verboten, in dieser Zeit Eier zu essen. Dadurch sammelten sich in den Wochen vor Ostern zahllose Eier an, die am Ostersonntag verschenkt wurden.
Später hob die Kirche das Verbot auf, aber bis heute gibt es den Brauch, Ostereier zu verschenken.

1. *Welche beiden Adjektive findest du in dem Text? Schreibe sie auf.*
2. *Wie wurden die beiden Adjektive gebildet? Aus welchen Substantiven und aus welchen nachgestellten Wortbausteinen bestehen sie?*
3. *Aus welchen der folgenden Wörter kannst du Adjektive bilden, indem du* -los *anhängst: Furcht, ab, auch, bauen, Herz, Gedanken, Wort, fast, Rat, alle, fließen, Zahn?*
4. *Welche Substantive sind in diesen Adjektiven enthalten: ideenlos, wunschlos, ratlos, gefühlslos, brotlos, mondlos, bartlos, wasserlos, haarlos, blütenlos, kinderlos, schmerzlos, furchtlos, glücklos?*
   Schreibe so: ideenlos - die Idee, ...
5. *Welche Wortbausteine stecken in diesen Adjektiven: erfinderisch, ausländisch, städtisch, kindisch, schulisch? Schreibe wie bei Aufgabe 4.*
6. *Aus welchen drei der folgenden Wörter kannst du Adjektive bilden, indem du* -isch *anhängst: die Laune, das Telefon, der Tisch, frisch, grün, der Narr, gestern, die Arbeit, das Auto?*
7. *Welche Wörter von unten passen in die Lücken?*
   ein ____ Ritter
   eine ____ Nachricht
   die ____ Wüste
   der ____ Verkehr
   eine ____ Nacht
   das ____ Treiben
   eine ____ Pflanze
   das ____ Wetter
   närrisch, mondlos, furchtlos, telefonisch, wasserlos, städtisch, blütenlos, launisch
   Schreibe so: ein furchtloser Ritter, ...

Mit den Nachsilben (Suffixen) -isch und -los können wir Adjektive bilden.

2 Adjektive mit -isch, -los, -sam

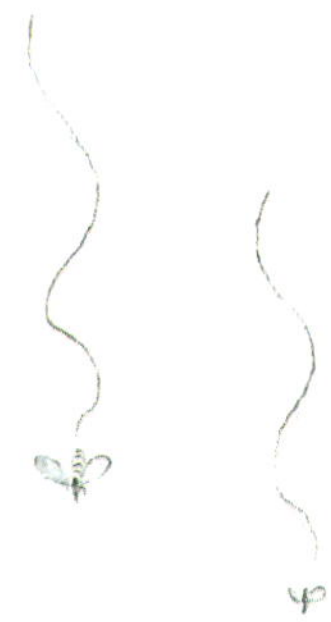

Falsch zusammengesetzt!

Fahrt lieber mit der Bundesbahn,
und keine Mücke mag Sie mehr.

Ein Reißverschluß von Schneider Mack
dort fährt man immer wieder hin!

Ein Urlaub im malerischen Wien,
und ihr kommt sicher am Ziel an!

Die komischen Faschingskostüme holt man sich
schließt praktisch jeden Anorak!

Kaufen Sie kernlose Apfelsinen
beim Kostümverleih Kurt Huberich!

Sokal muß her,
in Düsseldorf bei Apfelsinen-Lienen!

1. *Bei diesen Werbesprüchen passen die erste und die zweite Zeile nicht zusammen. Ordne richtig.*
2. *Suche die Adjektive mit den Nachsilben (Suffixen)* -isch *und* -los *heraus.*
3. *Setze mit Hilfe der Nachsilben (Suffixe)* -isch, -los, -sam *und diesen Wörtern Adjektive zusammen:*
   Rat, Hilfe, Glück, Problem, Erfolg, biegen, lang, wachen, heilen, regnen, erfinden, spielen, Ausland, Stadt.
   So: ratlos, ...
4. *Schreibe selbst vertauschte Werbesprüche auf.*

Aus „Eis" und „kalt" wird „eiskalt"

Aus Substantiven und Adjektiven kannst du zusammengesetzte Adjektive bilden.

5. *Welche Adjektive kannst du mit diesen Substantiven bilden: Blitz, Stein, Wunder, Blut, Kinder?*
   Schreibe die zusammengesetzten Adjektive auf.
6. *Welche Substantive brauchst du, um sie mit diesen Adjektiven zusammenzusetzen:*
   scharf, stark, süß, weiß, schwarz, gesund, leicht, schwer?
   Denke daran: Adjektive werden klein geschrieben.

Vorsilben (Präfixe) und Nachsilben (Suffixe) 2

Nachsilben (Suffixe)

a) fröhlich, lustig, ehrlich, ähnlich, farbig, flüssig
b) erzählen, rechnen, wohnen, belohnen, erziehen, zeichnen, erholen, entschuldigen, berichtigen, ahnen, erfinden
c) schön, dumm, klug, dunkel, echt, blind, gesund, wahr, krank
d) arbeiten, anfangen, wecken, backen, basteln, angeben, boxen

1. *Zu jeder der Reihen a)–d) paßt eine dieser Nachsilben (Suffixe)* -ung, -heit, -keit, -er. *Ordne zu.*
2. *Setze die Wörter mit den passenden Nachsilben (Suffixen) zusammen. Schreibe die Substantive mit den Artikeln auf. Denke an die Großschreibung:*
   fröhlich – die Fröhlichkeit, …
   Prüfe deine Wörter mit dem Wörterbuch.

e) der Frieden, der Ärger, die Angst, die Ehre, die Gefahr
f) das Gift, die Farbe, die Kraft, die Luft, der Durst
g) der Fehler, der Vorteil, die Dauer, wahr, das Herz
h) die Arbeit, die Zahl, der Rat, der Wunsch, die Hoffnung
i) danken, bewohnen, zerlegen, halten, brauchen, trinken

3. *Zu jeder der Reihen e)–i) paßt eine dieser Nachsilben (Suffixe):* -isch, -bar, -los, -lich, -haft, -ig. *Ordne zu.*
4. *Schreibe die Wörter mit den passenden Nachsilben (Suffixen) auf. Prüfe deine Wörter mit dem Wörterbuch.*
5. *Suche dir aus den Wörtern, die du zu a)–i) gebildet hast, je eines heraus. Schreibe mit jedem einen Satz auf.*

Achtung! Die Substantive werden nicht immer gleich gebildet:
aus erzählen und ung wird Erzählung
aus rechnen und ung wird Rechnung
aus arbeiten und er wird Arbeiter.

Vorsilben (Präfixe)

j) leben, frieren, klären, kennen, setzen, raten, zählen
k) kaufen, biegen, stehen, bluten, reisen, binden
l) brechen, fallen, fließen, legen, stoßen, reißen, schneiden
m) richten, suchen, weisen, danken, deuten, halten, greifen

6. *Ordne die Vorsilben (Präfixe)* zer-, ver-, be-, er- *den Reihen zu. Bilde Verben mit ihnen.*
7. *Suche so viele Verben und Adjektive wie möglich, die du mit diesen Vorsilben (Präfixen) zusammensetzen kannst:* ent-, ge-, un-.

Auch die Adjektive werden verschieden gebildet (friedlich, arbeitslos, dankbar, …).

2 Nachsilben (Suffixe)

Kuckuckseier

HERZHAFT
FEHLERHAFT
ERNSTHAFT
DAUERHAFT
GEFÄNGNISHAFT

TRAGBAR
NACHBAR
FURCHTBAR
WÄHLBAR
HÖRBAR

SCHREIBTISCH
PRAKTISCH
STÄDTISCH
MALERISCH
SPIELERISCH

ENDLOS
GEFAHRLOS
LOTTERIELOS
FURCHTLOS
WUNSCHLOS

1. *Kennt ihr das Spiel „Kuckuckseier verstecken"? In jedem Ei steckt ein Wort, das nicht zu den Adjektiven paßt. Welche vier Wörter sind es?*
2. *Schreibe alle Wörter mit großen und kleinen Buchstaben auf. Dein Nachbar prüft mit dem Wörterbuch, ob alle Wörter richtig geschrieben sind.*
3. *Außer den „Kuckuckseiern" zerlegst du alle anderen Wörter in ihre Bestandteile. Welche vier Wortbausteine hast du gefunden, mit denen man Adjektive bilden kann?*

Silbenrätsel

Sau-, -heit, Hei-, Woh-, Wag-, -din, -heit, Zei-, -keit, Frei-, -tung, -zung, -nis, -nung, Freun-, Mensch-, -ber-

4. *Setze die Silben zu acht Substantiven zusammen.*
5. *Welche fünf verschiedenen Wortbausteine erkennst du in den Wörtern?*
   Vorsicht: *Oft sind Silbe und Wortbaustein nicht gleich!*
6. *Aus diesen Wörtern kannst du Substantive bilden: trennen, zeichnen, möglich, höflich, sicher, neu, ereignen, hindern, geheim. Du brauchst sie nur mit den Nachsilben (Suffixen) -ung, -heit, -keit oder -nis zusammensetzen.*
7. *Mit dem Wortbaustein -in verwandelt man manche männliche Substantive in weibliche:*
   der Hund - die Hündin.
   Kannst du das mit diesen Wörtern auch: Freund, Sänger, Läufer, Reiter, Arzt, Fahrer, Arbeiter, Mutter?
8. *Schreibe die Wörter mit -in auch in der Mehrzahl (Plural) auf.*

Die Satzarten

Die Panne

Tina und Tim sind mit ihren Rädern unterwegs. Sie wollen heute einmal um den See fahren, das sind ungefähr 40 Kilometer.
Plötzlich ruft Tina: „Warte doch mal!“ Sie steigt ab, untersucht das Vorderrad und merkt, daß der Reifen platt ist.
„Hast du Flickzeug dabei?“ fragt Tim. Tina antwortet: „Ja, aber meine Tube mit Gummilösung ist eingetrocknet. Gibst du mir bitte deine?“ Tim schaut in der Satteltasche nach und findet darin eine volle Tube. Er ruft: „Da, fang auf!“
Bald ist der Schlauch geflickt, und die beiden setzen ihre Fahrt um den See fort.
„Wie hast du das Loch im Schlauch gefunden?“ fragt Tim.
„Rate mal!“ lacht Tina.

1. *Was hat Tina wohl gemacht?*
2. *Habt ihr auch schon eine Panne gehabt? Erzählt.*
3. *Schreibe die Geschichte ab. Unterstreiche dann die Aussagesätze rot, die Fragesätze grün, die Aufforderungssätze blau.*
4. *Welche Satzzeichen fehlen in folgenden Sätzen?*
   Schreibe die Sätze auf, und vergiß die Anführungszeichen nicht:
   Die Kette vom Fahrrad ist abgesprungen Tina bittet Tim um Hilfe Sie fragt Kannst du eine Kette auf die Zahnräder spannen Tim erwidert Selbstverständlich Das ist doch keine große Sache Gib mir mal den Schraubenschlüssel Dreh doch bitte mal das Rad um Tim arbeitet Tina meint Muß man denn die Hinterradschraube wirklich aufmachen Als sie fast fertig sind, ruft die Mutter aus dem Haus Kommt herein Es gibt Mittagessen
5. *Aufforderungen und Fragen sind nicht immer ganze Sätze, zum Beispiel: Achtung! Vorsicht! Wie bitte? Was? Wohl neu hier? Finger weg! Wann? Wo? ...*
   Schreibe die Aufforderungen und die kurzen Fragen auf. Suche noch weitere Beispiele.

Wir erzählen oder berichten in **Aussagesätzen**.
Wir fragen mit **Fragesätzen**.
Wir fordern jemanden auf, etwas zu tun. Wir bitten um etwas oder wünschen etwas. Dazu benutzen wir **Aufforderungssätze**.
Wir rufen etwas aus.
Dazu benutzen wir **Ausrufesätze**.

2 Die Befehlsform (Imperativ)

Beim Völkerballspiel

Tim und seine Freunde spielen Völkerball. Einige Kinder rufen sich etwas zu, andere sprechen mehr mit sich selbst.

1. *Schreibe die Sätze aus den Sprechblasen nach Satzarten geordnet ab. Denke an die Satzschlußzeichen.*
   Aussagesätze (2): ... [.]
   Fragesätze (2): ... [?]
   Aufforderungssätze (Bitte (1), Befehl (1), Wunsch (1)): ... [!]
   Ausrufesätze (1): ... [!]
2. *Stell dir vor, du bist Reporter und sollst über dieses Spiel berichten. Rundfunkreporter machen dies sehr spannend: „Jens Schneider zielt und wirft! Aber nein, nein, um Haaresbreite vorbei. Der Ball landet wieder beim Gegner. ...“*
3. *Wie könnte das Völkerballspiel weitergehen? Schreibe mit diesen Stichworten weitere Aussage-, Frage- und Aufforderungssätze: getroffen, Hintermann, fallen lassen, zielen, hetzen, gefangen, Rücken.*

Aufforderungssätze, in denen **Wünsche** (Ich möchte gewinnen!), **Bitten** (Wirf bitte den Ball her!) oder **Befehle** (Gib endlich ab!) zum Ausdruck kommen, stehen in der **Befehlsform** (Imperativ).

Kirschkuchen

von Peter Charlot

Spieler: Gast, Kellner
Requisiten: Tisch und Stuhl, ein Teller mit Kuchen

Der Gast *(kommt und nimmt an dem Tisch Platz)*
Der Kellner *(kommt):* Der Herr wünschen?
Gast: Eine Tasse Kaffee und ein Stück Kuchen!
Kellner: Was für Kuchen wünschen der Herr?
Gast: Was haben Sie denn?
Kellner: Kranzkuchen – Pfannkuchen – Kirschkuchen – Pflaumenkuchen – Napfkuchen – Baumkuchen – Streuselkuchen – Mohnkuchen.
Gast: Genug! – Genug! Bringen Sie ein Stück Kirschkuchen!
Kellner: Bitte sehr! *(geht ab und kommt sofort mit einem Teller mit Kuchen wieder)* Bitte sehr, der Herr: Kirschkuchen! Der Kaffee kommt sofort – wird frisch gebrüht.
Gast: Danke sehr! *(fängt an zu essen, schüttelt den Kopf, ißt wieder ein Stück, schüttelt den Kopf)* Herr Ober!
Kellner: *(kommt):* Der Herr wünschen?
Gast: Was ist das für Kuchen?
Kellner: Kirschkuchen!
Gast: Aha, Kirschkuchen! *(ißt weiter, schüttelt wieder den Kopf)* Herr Ober!
Kellner: Bitte, mein Herr?
Gast: Was ist das für Kuchen?
Kellner: *(ungeduldig):* Aber ich sagte doch bereits: Kirschkuchen!!
Gast: Kirschkuchen?
Kellner: Kirschkuchen!!
Gast: Aber da sind doch gar keine Kirschen drin!
Kellner: Haben Sie schon mal Hundekuchen gesehen, in dem Hunde drin sind?

1. *Schreibe das Stück mit Anführungszeichen auf. Ergänze dabei Wörter aus dem Wortfeld „sprechen".*
   Der Kellner fragt: „ . . .
   Der Gast bestellt: „ . . .
2. *Denkt euch ein ähnliches Stück aus mit Sandkuchen, Steinpilzen, . . .*
3. *Auch Witze kann man herrlich spielen. Sie sind etwas kürzer. Wie wär's mit diesem?*
   Drei Personen schlafen auf dem Boden, alle nach der gleichen Seite. Einer fragt: „Ist es schon so weit?" „Nein, noch nicht!" Alle schlafen weiter. Das wiederholt sich ein paarmal. Die Frage klingt dabei immer ungeduldiger.
   Dann sagt einer: „Ja, jetzt ist es soweit! Fünf, vier, drei, zwei, eins, null!" Schlagartig drehen sich alle auf die andere Seite und schnarchen lustig weiter.

Zu einem **Wortfeld** gehören Wörter, die eine **ähnliche Bedeutung haben**:
schlafen, sich aufs Ohr legen, schlummern, träumen, schnarchen, . . .

2 In weil-Sätzen steht immer ein Komma

Vögel in Tinas Garten

Tina zeigt Stefanie den Garten. Der Garten ist besonders schön. Überall blühen Frühlingsblumen. Tina hat sie im Herbst rechtzeitig gesetzt. Die Vögel auf dem Baum fliegen hoch. Die beiden Mädchen kommen zu den Bäumen.
Bald kommen die Vögel zurück. Sie sind an ihre Umgebung gewöhnt. Auf der Wiese steht eine Vogeltränke. Tina sieht den Vögeln gern zu. Eine Amsel fliegt dauernd hin und her. Sie muß ihre Jungen füttern. Tina und Stefanie gehen jetzt ins Haus. Es fängt an zu regnen.

1. *Verbinde immer zwei Sätze mit „weil".*
   Schreibe sie auf:
   Tina zeigt Stefanie ihren Garten, weil er im Frühjahr besonders schön ist.
   Überall ..., weil ...
2. *Schreibe die Sätze so, daß „weil" am Anfang steht.*

Übungswörter:
besonders
eifrig
Ende
Familie
Nahrung, nähren
überall
wichtig

Ist das so richtig?

Zugvögel kommen im Frühjahr zurück, weil Vögel darin nisten. Die Vogelfütterung sollte im Frühjahr enden, weil sie hier ihre Nistplätze haben. Bis Juni zwitschern die Vögel besonders eifrig, weil die Vögel selbst Nahrung finden. Hecken und Büsche sind für Vögel besonders wichtig, weil die Jungen das Nest verlassen haben. Die Vogelfamilie löst sich auf, weil sie ihre Partner suchen. Oft kann ein Briefkasten nicht benutzt werden, weil er aus dem Nest gefallen ist. Manchmal finden wir einen jungen Vogel, weil sie dort gut nisten können. Ende Juni hören sie auf zu singen, weil sie ihre Jungen füttern müssen. Jedes Jahr bauen unsere heimischen Vögel ein Nest, weil die Paarungszeit vorüber ist. Die Vögel suchen dauernd Nahrung, weil es immer neue Vogelpaare gibt.

3. *Schreibe die Sätze auf einen Papierstreifen.*
   Schneide sie vor „weil" auseinander.
   Setze sie richtig zusammen.
4. *Schreibe die vollständigen Sätze auf.*

Weil-Sätze sagen, warum Menschen, Tiere, Pflanzen und Dinge so sind.
Weil-Sätze haben ein Komma.

Das Komma in daß-, weil- und als-Sätzen

2

Welche Satzzeichen fehlen?

Hast du dein Auto auf den Winter vorbereitet□
Vergiß den Sandsack und die Schaufel nicht□
Nimm auch ein Abschleppseil mit□
Haben die Winterreifen ein gutes Profil□
Kannst du die Schneeketten montieren□
Weißt du□ daß man bei Eis und Schnee langsam fahren muß□
Paß auf□ daß du nicht in den Straßengraben fährst□
Bist du sicher□ daß deine Bremsen in Ordnung sind□
Achte darauf□ daß das Kühlwasser nicht einfrieren kann□

1. Schreibe die Sätze mit den richtigen Satzzeichen auf.

In **daß**-Sätzen und in **weil**-Sätzen steht immer ein **Komma**.

Wir verbinden Sätze miteinander

Auf der Erde ist es warm. Sie wird von der Sonne beschienen. –
Tag und Nacht wechseln ab. Die Erde dreht sich in 24 Stunden einmal um sich selbst. –
Das Jahr hat 365 Tage. In dieser Zeit umkreist die Erde die Sonne. –
Die Planeten nennt man auch Wandelsterne. Sie kreisen um die Sonne. –
Der Mond wurde als erster Himmelskörper vom Menschen betreten. Er liegt der Erde am nächsten.

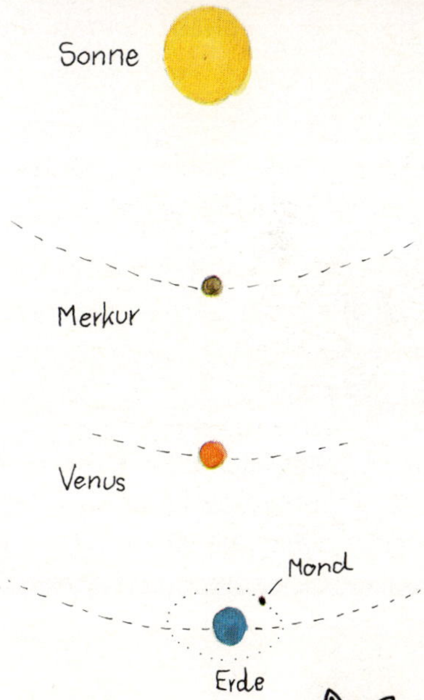

2. Verbinde immer zwei Sätze mit „weil".
Vergiß das Komma nicht.
Schreibe „weil" und das Komma rot.

3. Vertausche bei einigen Sätzen die beiden Teile so:
Weil die Erde von der Sonne beschienen wird, ist es auf ihr warm.

4. Schreibe den folgenden Text auf.
Setze die Satzzeichen ein.
Als ich gestern abend zum Fenster hinausschaute erblickte ich den Polarstern
Ich erkannte ihn weil er sehr hell leuchtete
Etwas später als sich meine Augen ein bißchen an die Dunkelheit gewöhnt hatten sah ich viele Fixsterne
Weil es ziemlich kühl war schloß ich das Fenster bald

In **als**-Sätzen steht oft ein Komma:
Er ging, als sie kamen.
Aber: Sie ist größer als er.

2 Subjekt und Prädikat

Hausbrand in Chemnitz

Mit Feuer ist nicht zu spaßen. Das erfahrt ihr auch, wenn ihr die Wörter in den Kästen zu Sätzen und die Sätze zu einer Geschichte ordnet.

Hausbrand einen Feuerwehr in die löschte gestern Chemnitz	es so zu kam dem Unglück	zwei Streich-hölzern Kinder mit spielten
in und gerieten das dabei Dachstuhl der Obergeschoß Brand	Sachschaden es großer entstand	wohl die was gesagt haben Eltern
Glück wir gehabt haben viel	Zukunft mit seid in ihr vorsichtiger Streichhölzern	

1. *Bilde Sätze mit den Wörtern in den Kästchen.*
2. *Ordne die Sätze zu einer Geschichte.*
3. *Unterstreiche in den Sätzen das Subjekt rot.*
   Unterstreiche das Prädikat blau.
4. *Gestern löschte die Feuerwehr einen Hausbrand in Chemnitz. Die Feuerwehr löschte gestern einen Hausbrand in Chemnitz. In Chemnitz löschte gestern die Feuerwehr einen Hausbrand. Einen Hausbrand löschte die Feuerwehr gestern in Chemnitz. Stelle die anderen Sätze auch so um.*
5. *An welcher Satzgliedstelle steht jeweils das Prädikat?*

In Aussagesätzen steht das Prädikat immer an zweiter Satzgliedstelle.

Ein Witz für eure Pinnwand

Das Haus brennt Der kleine Thomas steht in der Nähe und wirft eifrig Papier ins Feuer Ein Feuerwehrmann fragt ihn verdutzt Was machst du denn da Dann schimpft er Du kannst doch nicht noch Papier ins Feuer werfen Thomas antwortet Beruhigen Sie sich Das ist Löschpapier

5. *So kannst du den Witz aber nicht anheften. Schreibe ihn auf. Ergänze dabei die Satzzeichen:*

„ “ ? . . : „ “
! . : „ “ : !

Zweiteilige Prädikate

2

Schule im Jahre 2222

(1) Stefanie fährt auf dem Laufband in ihr Lernzimmer. (2) Fünf Tage in der Woche schaltet sie den Bildschirmlehrer ein. Wenn sie Nachhilfe braucht, lernt sie sogar auch samstags und sonntags. Der Bildschirmlehrer ist ein Roboter. (3) Sie schaltet den Roboter an und legt als erstes ihre Hausaufgaben auf den Bildschirm. (4) Der Roboter kontrolliert. (5) Natürlich findet er den Fehler in ihrer zweiten Mathematikaufgabe sofort. (6) „Diese Aufgabe verbesserst du nachher. (7) Heute lernst du die neue Computersprache kennen." (8) Auf dem Bildschirm erscheinen Wörter und Zahlen.
Stefanie denkt daran, wie die Schule früher war. (9) Sie hörte es von ihren Großeltern. (10) Diese erlebten das auch nicht selbst, sondern lasen es in einem uralten Buch. Damals war es sicher schön:
(11) Viele Kinder saßen zusammen in einem großen Raum. Sie konnten ihre Aufgaben miteinander bearbeiten. Und die Lehrer waren Menschen …

1. *Erzähle, was Stefanies Großeltern ihr noch über die Schule gesagt haben könnten.*
2. *Male ein Bild von Stefanies Lernzimmer und von dem Roboter.*
3. *Schreibe den Text ab. Unterstreiche die Prädikate in den elf numerierten Sätzen blau:*
   fährt, …
4. *Welche zweiteiligen Prädikate hast du gefunden? Schreibe die Verben so auf:*
   schaltet ein - einschalten, …
5. *Er gibt ihr das Heft. Familie Huber gibt viel Geld für Schulbücher aus. Frau Klein gibt nächstes Jahr ihre Klasse ab. Stefanie gibt die Sätze in den Computer ein. Später gibt sie mit ihren guten Ergebnissen an.*
   Schreibe die Sätze ab. Rahme die Prädikate blau ein.
6. *Schreibe die Verben aus Aufgabe 5 so auf:*
   gibt - geben, gibt … aus - ausgeben, …
7. *Setze die Wortbausteine rechts mit dem Verb „stellen" zusammen. Schreibe Sätze im Präsens und Präteritum damit untereinander auf. Rahme die beiden Teile der Prädikate blau ein.*
   Sie stellt das Radio ab.
   Sie stellte das Radio ab.

Das Prädikat kann auch aus zwei Teilen bestehen:
Sie schaltet … ein.

ab | an | auf | aus
ein | her | hin | um
vor | weg

2 Zweiteilige Prädikate

Zwei Schildbürger auf Wanderschaft

In einer stockfinsteren Nacht standen zwei Schildbürger an einer Wegkreuzung. Sie wollten nach Schilda.
In der Dunkelheit erkannten sie die Schrift nicht. Einer der beiden versuchte es einige Male mit Streichhölzern. Aber der Wind löschte sie immer wieder aus.
Da fiel dem einen etwas ein. Schnell kletterte er den Wegweiser hinauf. Dann brach er die Schilder ab. Seinem Freund warf er die Schilder hinunter.
Jetzt konnten sie lesen.

1. *Haben die beiden den richtigen Weg wohl gefunden?*
2. *Schreibe den Text ab.*
   Unterstreiche die Satzglieder.
   Subjekte rot, Prädikate blau.
   So: In einer stockfinsteren Nacht standen zwei Schildbürger an einer Wegkreuzung. ...
3. *Übe die schwierigen Wörter. Laß dir den Text diktieren.*
4. *Hast du alle zweiteiligen Satzaussagen gefunden, z. B.:* löschte ... aus?
   Im Text sind insgesamt fünf zweiteilige Satzaussagen.
5. *Schreibe die Prädikate heraus, und setze die jeweiligen Nennformen dazu:* standen - stehen, ...

Nach Wer ...? oder Was ...? (Subjekt) steht immer die Verbform (Prädikat).

Ein Satzbauspiel

mit Stefanie	Christian	will	am nächsten Sonntag	wandern	
soll	ein Ziel	Er	sich	ausdenken	für die Wanderung
werden	Seine Eltern	für Essen und Trinken	sorgen		
Gestern	Tina	eine Radtour	hat	mit Tim	gemacht
sollten	Sie	um sechs Uhr	zurückkommen		
erst	um sieben Uhr	sie	kamen	zu Hause	an	Aber

6. *Bilde Sätze.*
   Schreibe so auf.
7. *Unterstreiche die Prädikate blau.*
8. *Bilde auch Sätze mit diesen Verben:*
   spazierengehen, loslaufen, vorbeilaufen, umherlaufen, herumgehen, hinaufklettern, hinüberspringen.

Die gebeugte Verbform 2

Unvollständige Sätze

Ihr habt sicher bemerkt, daß bei diesem Schreibspiel nicht nur unsinnige Sätze entstehen können, sondern auch solche, die unvollständig sind.
An Tinas Geburtstag entstanden folgende „Sätze“:

Klaus darf artig auf dem Stuhl
Das Auto kann ruhig im Zimmer
Der Elefant mag gern im Hof
Die Maus soll fröhlich im Keller

Diesen Sätzen fehlt jeweils ein Teil.

1. *Vervollständige die Sätze, die in Tinas Schreibspiel entstanden sind. Schreibe sie in dein Heft.*
   Unterstreiche die Prädikate blau.
2. *Schreibe weitere Sätze mit zweiteiligen Prädikaten auf.*
3. *Schreibe Fragesätze auf.*
   Wo stehen die Teile des Verbs?
4. *Verwende die vorgegebenen Wörter.*
   Vielleicht kannst du eine richtige Geschichte schreiben.

möchte feiern	muß gehen
will anrufen	darf bleiben
soll schlafen	hat erlaubt

5. *Unterstreiche jeweils das Subjekt rot. Rahme die Prädikate blau ein.*

Die gebeugte Verbform stimmt in Person und Zahl mit dem Subjekt überein:
Der Polizist will planschen.
(3. Person Einzahl/Singular)

Der Polizist will mitten auf der Straße planschen

Der Polizist	☐	mitten auf der Straße	☐.
Die Giraffe	☐	im Personenwagen	☐.
Der Geiger	☐	auf der Trompete	☐.
Das Baby	☐	auf dem Mond	☐.
Die Lehrerin	☐	im großen Kochtopf	☐.
Der Hund	☐	auf der Blockflöte	☐.
Regina	☐	auf dem Sonnenstrahl	☐.

6. *Ergänze gut gewählte Prädikate.*
   Du sollst immer etwas Ungewöhnliches oder etwas Unmögliches ausdrücken.

2 Spielend Sätze bilden

Kennt ihr dieses Spiel?

Wer oder was? (Satzgegenstand - Subjekt)	Macht was? (Satzaussage - Prädikat)	Wie?	Wo?

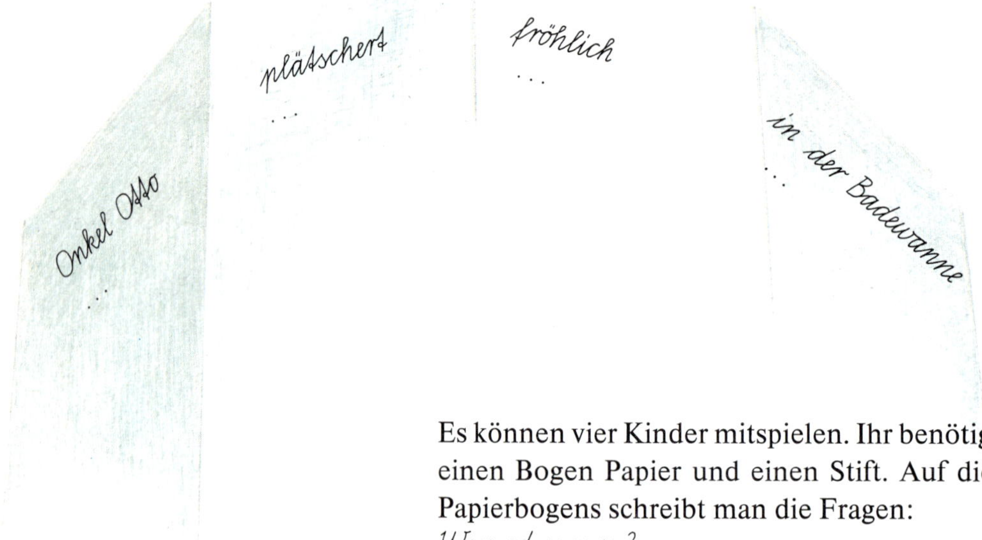

Es können vier Kinder mitspielen. Ihr benötigt für dieses Spiel einen Bogen Papier und einen Stift. Auf die erste Linie des Papierbogens schreibt man die Fragen:

Wer oder was?
Macht was?
Wie?
Wo?

Nun schreibt der erste Mitspieler das Subjekt in der Einzahl (Singular) in die erste Spalte unter die Frage: Wer oder was?, z. B.: *Onkel Otto*

Anschließend faltet er die erste Spalte so nach hinten, daß die anderen Mitspieler sein Wort nicht lesen können, und gibt das Papier weiter.

Der zweite Mitspieler setzt das Prädikat in der Er-Form unter die Frage: Macht was?, z. B.: *plätschert*

Dann faltet er den Bogen und gibt ihn an den dritten Mitspieler weiter.

Dieser ergänzt, wie etwas getan wird, und der vierte Mitspieler trägt ein, wo etwas getan wird: die Ortsangabe. Zum Schluß wird der Bogen aufgefaltet und der entstandene Satz vorgelesen. Einige der lustigen Sätze kann man auch spielen.

1. *Schreibe alle sinnvollen und lustigen Sätze in dein Heft. Unterstreiche den Satzgegenstand (Subjekt) rot und die Satzaussage (Prädikat) blau.*
2. *Schreibe die Sätze als Fragesätze. Wo steht die Satzaussage (Prädikat)?*

Satzglieder

2

Im Zoo: Wer brüllt? Was hält der Affe?

der Löwe, die Papageien, der Junge, die Besucher, der Affe, das Krokodil, der Tiger, der Seelöwe	eine Banane, das Maul, seine Zähne, Fische, die Nilpferde, einen Puma

	brüllt			öffnet	
	kreischen			bestaunen	
	fotografiert			fängt	
	hält			zeigt	

1. Bilde aus den Wörtern Sätze. Schreibe sie auf.
2. Welche Adjektive passen zu den Substantiven?
Beschreibe Personen, Tiere und Dinge genauer:

Der hungrige Löwe	brüllt.	
Der begeisterte Junge	fotografiert	die riesigen Nilpferde.

3. Bilde aus den Sätzen von Aufgabe 2 Fragesätze.
Schreibe sie auf.
4. Schreibe die folgenden Sätze auf.
Unterstreiche die Wörter grün, rot oder blau:
Der Wärter holt einen großen Eimer.
Er füttert die Raubtiere.
Die Tiere fressen das Fleisch.

Wer sucht wen oder was?

Wer?		Wen? Was?
der junge Hund die ängstliche Maus der aufgeregte Vater das weinende Mädchen der kleine Asterix	sucht	die neue Puppe das winzige Loch den dicken Obelix seinen kleinen Sohn seinen alten Knochen

5. Schreibe Sätze auf: Der junge Hund sucht ...
6. Du kannst auch lustige Sätze bilden.
7. Wer sucht noch jemanden oder etwas? Suche passende Wörter.
Schreibe die Sätze auf.

Substantive stehen in verschiedenen Fällen. Wenn wir Substantive oder Dinge nur nennen, stehen die Substantive im Nominativ (1. Fall). Das Subjekt steht immer im Nominativ (Wer...? oder Was...?) Wenn wir ein Satzglied mit Wen...? oder Was...? erfragen können, handelt es sich um das Akkusativobjekt (4. Fall).

2 Objekte als Satzergänzungen

Ein Satz hat **Satzglieder**.
Der **Satzgegenstand** (Subjekt) sagt uns, **wer** etwas macht:
ich, du, ein alter Mann, Tina, ...
Die **Satzaussage** (Prädikat) sagt uns, was der Satzgegenstand **macht:**
ich spiele, du bastelst, er sucht,

Satzglieder kann man **umstellen.**

Manche Sätze bestehen nur aus Subjekt und Prädikat.
Ich spiele
Aber: *Ich verstecke*
wäre nicht vollständig. Wir brauchen noch ein Objekt:
Wen oder **was** verstecke ich?
Ich verstecke
das Raumschiff.
In diesem Satz ist das Satzglied *das Raumschiff* das Objekt.

Wörter ziehen

Jede Gruppe schreibt mit rotem Stift Personalpronomen, Substantive und Substantive mit Adjektiven auf verschiedene Zettel:
ich, du, Tim, der Hund, die junge Frau, der freche Pudel, wir, ihr, Tim und Tina, ...
Auf andere Zettel schreibt ihr mit blauem Stift Verben:
spielen, basteln, verstecken, aufräumen, suchen, ...
Mit grünem Stift schreibt ihr solche Substantive auf weitere Zettel:
Flöte, Knochen, Buch, Raumschiff, Ball, Puppe, ...

1. *Jeder Mitspieler zieht einen Zettel mit roten, einen Zettel mit blauen und einen Zettel mit grünen Wörtern:*

ich	verstecken	Raumschiff

   Der erste Zettel enthält, ***wer*** *etwas macht, z.B.:*
   ich.
   Der zweite Zettel zeigt, was jemand ***macht*** *oder was* ***geschieht:***
   verstecken.
   Bei dem dritten Zettel erfahrt ihr, ***wen*** *oder* ***was*** *der Satzgegenstand macht.*
   Raumschiff.
   Daraus kann man nun verschiedene Sätze bilden:
   Ich verstecke das Raumschiff.
   Oder: Das Raumschiff verstecke ich.
   Oder: Verstecke ich das Raumschiff?
2. *Bilde aus den folgenden Wörtern fünf Sätze. Schreibe sie auf:*
   Tim, Tina, die Mutter, der kleine Pudel, wir, singen, bellen, lachen, spielen, reden, weinen. Tim lacht ...
   Kennzeichne die Satzglieder farbig.
3. *Bestimme die Satzglieder in diesen Sätzen:*
   Anja holt den Ball.
   Rolf füttert seinen Hund.
   Jens liest ein Buch.
   Tina malt einen großen Baum.
   Der Vater spült das Geschirr.
   Die Mutter liest die Zeitung.
   Schreibe die Sätze ab.
   Unterstreiche die Satzglieder: das Subjekt rot, das Prädikat blau, das Objekt grün.

Dativobjekt (Objekt im 3. Fall) 2

Wie schützen sich die Tiere vor dem Winter?

EINIGE WINTERSCHLAF HALTEN TIERE

1. *Schreibe den Satz richtig auf.*
2. *Aus den vier Wörtern kannst du auch diese Sätze bilden:*
   Winterschlaf halten einige Tiere.
   Halten einige Tiere Winterschlaf?
3. *Welche Lösungen findest du hier?*
   DER AMSEL WINTERGEFIEDER DICHTES EIN WÄCHST
   EIN BEKOMMT HASE DER WINTERFELL DICKES
4. *Schreibe die folgenden Sätze ab. Kennzeichne die Satzglieder:*
   das Subjekt rot, das Prädikat blau, das Akkusativobjekt grün:
   Viele Tiere sammeln Vorräte.
   Die Schnecke verschließt ihr Häuschen.

Wer oder was schadet den Tieren?

Wer? Was?		Wem?
	schaden	.
	helfen	.
	nützen	.

Milch	den Tieren
Futter	den Vögeln
die Kälte	dem Igel
Vorräte	den Rehen
Heu	dem Hamster
das Winterfell	der Amsel
die Tarnfarbe	dem Hermelin
der Winterspeck	dem Hasen
das Wintergefieder	

5. *Schreibe sechs Sätze auf:* Milch | schadet | dem Igel.
   Rahme das Subjekt immer rot ein, das Prädikat blau und das Dativobjekt (Wem-Ergänzung) grün.

Manche Sätze haben eine **Wem-Ergänzung** (Dativobjekt).
Milch schadet dem Igel.
Wem schadet die Milch?
Dem Igel.

Wen oder was suchst du im Wald?

Ich | suche | Tannenzapfen.

6. *Schreibe Sätze auf. Rahme das Subjekt immer rot, das Prädikat immer blau und das Akkusativobjekt (Wen/Was-Ergänzung) grün ein.*

Bestimmte Verben verlangen ein Substantiv in einem bestimmten Fall.
Folgende Verben verlangen den Dativ (3. Fall):
schaden, helfen, nützen, antworten, begegnen, danken, gratulieren, wünschen, zusehen, vertrauen, zuhören, ...

Wem hilfst du im Winter?

Ich | helfe | den Vögeln | im Winter.

7. *Schreibe Sätze auf. Aus welchen Satzgliedern bestehen deine Sätze? Rahme sie farbig ein.*

2 Dativ (3. Fall), Akkusativ (4. Fall)

Substantive im 1., 3. oder 4. Fall können auch durch Personalpronomen ersetzt werden (ich, du, ihm, ihn, ihr, ihnen, . . .).

Satzglieder kann man **umstellen**:
Ich spiele Ball.
Spiele ich Ball?

Du weißt:
Die Verben helfen, danken, zuhören, antworten, gratulieren, begegnen und wünschen, . . . verlangen den Dativ (3. Fall).

Die Verben sehen, suchen, abholen, fragen, finden, kennen, beobachten, betrachten, besuchen, grüßen, rufen, bitten, und bringen, . . . verlangen den Akkusativ (4. Fall).

spielen, an-, ab-, mit-, zu-, ver-;
das Spiel, das Fußball-,
das Handball-, das Würfel-,
das Wett-, das Rechen-,
das Flöten-;
der Spielplatz, die -zeit,
die -regel, der -plan, das -zeug;
der Spieler, der Mit-,
der Gegen-;
spielend, spielerisch, ver-, . . .

Ein Satzbauspiel

Prädikate (Satzaussagen):	spiele, schreibe, fahre, spielst, schreibst, fährst, spielt, schreibt, fährt, spielen, schreiben, fahren
Subjekte (Satzgegenstände):	du, er, wir, ich, ihr, sie, die Frau, die Maus, Tim und Tina
Objekte (Wen/Was-Ergänzungen):	Fahrrad, Schach, Ball, die Sätze, einen Brief

1. *Schreibe Sätze auf:*
   Ich spiele Schach. Du . . .
   Du kannst auch Fragesätze bilden:
   Spielst du Schach?
2. *Denke dir noch mehr Subjekte, Prädikate und Objekte für das Satzbauspiel aus.*

Wem? Oder wen/was?

helfen, trinken, sehen, suchen, abholen, fragen, danken, anschauen, finden, zuhören, zusehen, kennen, antworten, gratulieren, beobachten, betrachten, besuchen, grüßen, rufen, bitten, begegnen, bringen, wünschen

3. *Wer hilft wem? Ich helfe dem Mädchen.*
   Wer trinkt wen/was? Er trinkt Limo.
   Schreibe Sätze mit den Verben auf.
   Rahme die Prädikate blau und das Subjekt rot ein.
   Das Dativobjekt (Wem-Ergänzung) rahmst du grün, das Akkusativobjekt (Wen/Was-Ergänzung) gelb ein.
4. *Welche dieser Verben kann man statt „sehen" verwenden?*
5. *Schreibe auch Sätze mit diesen Verben auf:*
   zeigen, geben, beantworten, erklären, schenken.
   Wie unterscheiden sich diese Sätze von den anderen?
6. *Rahme jeweils das Subjekt, das Prädikat und die Objekte farbig ein.*

Die Wortfamilie „spielen"

7. *Die Wörter und Wortteile am Rand gehören zur Wortfamilie „spielen". Schreibe die Wörter auf.*

Die alte Katze …

Artikel	Adjektiv	Substantiv	Verb	Artikel	Substantiv	Artikel	Substantiv
Die	alte	Katze	putzt	den	Kätzchen	das	Fell
Der	treue	Hund	holt	dem	Jäger	die	Ente
Das	flinke	Eichhörnchen	bringt	den	Jungen	die	Nüsse
Die	dicke	Amsel	gibt	dem	Jungen	den	Regenwurm
Die	fleißige	Biene	sammelt	der	Königin	den	Honig

1. *Wer findet die lustigsten Sätze?*
   Tausche die Adjektive, die Verben und die Substantive aus.
   Verwende in den neuen Sätzen die passenden Artikel.
2. *Wie heißen die roten Satzglieder?*
   Wie heißen die blauen Satzglieder, wie die grünen und blauen?
3. *Bilde aus den Sätzen oben fünf Fragesätze:*
   Putzt die alte Katze …?
   Rahme die Prädikate ein.
   Wo steht das Prädikat in den Fragesätzen?
   Wo steht es in den Aussagesätzen oben?
4. *Schreibe die Pädikate aus dem Kasten mit den Personalpronomen ich, du, er/sie/es, wir, ihr, sie auf:*
   ich putze, du putzt, …
5. *Unterscheide zwischen Wortarten und Satzgliedern.*
   Schreibe die Sätze in dem Kasten oben so auf:

Wortart: Artikel Adjektiv Substantiv Verb …
Die alte Katze putzt
Subjekt Prädikat

6. *Aus den folgenden Wörtern kannst du Bezeichnungen für Tiere bilden:*
   braun, tanzen, ringeln, singen, lachen, murmeln, bunt, grün, rot, Bär, Möwe, Tier, Specht, Barsch, Fink, Maus, Natter, Drossel:
   der Braunbär, …
7. *Schreibe Sätze von fünf der Substantive aus Aufgabe 6 mit mindestens zwei Satzgliedern auf:*
   Der Braunbär frißt den Honig. …

Wir unterscheiden zwischen Wortarten und Satzgliedern.
Wortarten: Substantiv, Adjektiv, Verb, Artikel, Pronomen
Satzglieder: Subjekt, Prädikat, Objekt

In Aussagesätzen steht das Prädikat immer an zweiter Satzgliedstelle. In Fragesätzen steht das Prädikat oft an erster Satzgliedstelle.

Substantive treten in verschiedenen Fällen auf. Manche Verben haben als nähere Bestimmung ein Substantiv oder auch zwei Substantive bei sich, eines im Dativ (3. Fall) und eines im Akkusativ (4. Fall):
putzen, holen, bringen, geben, sammeln, schenken, beschreiben, erklären, zeigen, erzählen, überreichen, …

2 Der Fall bestimmt den Artikel

Die Einweihung

Gestern wurde _____ neue Sporthalle _____ Schule in Burgstädt eingeweiht. _____ Bürgermeister hielt _____ erste Rede. Dann gratulierte er _____ Schulleiter, Herrn Klein, und _____ Schülern zu ihrer neuen Halle. Herr Klein bedankte sich bei _____ Bürgermeister dafür, daß er und _____ Gemeinderat _____ Bau _____ neuen Halle zugestimmt hatten. Es gab viel Beifall für _____ Rede _____ Bürgermeisters. Zum Abschluß _____ Feier gab eine Schülerin der 9. Klasse _____ Bürgermeister einen Blumenstrauß. Dann begleitete Herr Klein _____ Bürgermeister zum Ausgang.

1. *Ergänze die fehlenden Artikel.*
   Schreibe ins Heft.
2. *Du siehst, daß sich in ganz bestimmten Fällen der Artikel verändert.*
   Die richtige Form des Artikels findest du, wenn du nach dem dazugehörigen Substantiv fragst:
   Wer hielt die erste Rede?
   Der Bürgermeister hielt ...
   Für wessen Rede gab es viel Beifall?
   Für die Rede _____ Bürgermeisters.
   Wem gab die Schülerin einen Blumenstrauß?
   _____ Bürgermeister ...
   Wen begleitete Herr Klein zum Ausgang?
   _____ Bürgermeister ...
   Ergänze die fehlenden Artikel.

Der Artikel ändert sich mit dem Fall des Substantivs.
Nominativ: *der Vater*
Genitiv: *des Vaters*
Dativ: *dem Vater*
Akkusativ: *den Vater*

3. *Schreibe die folgende Tabelle ab, und ergänze die fehlenden Substantive mit ihren Artikeln.*

Wer?	*der Lehrer*	*die Lehrerin*	*das Fach*	*die Schüler*
Wessen?	*des Lehrers*			
Wem?	*dem Lehrer*			
Wen?	*den Lehrer*			

4. *Unterstreiche die verschiedenen Formen des bestimmten Artikels.*
5. *Ergänze die Tabelle um die Mehrzahlformen (Pluralformen) für die Lehrer, die Lehrerinnen, die Fächer.*
   Was fällt dir auf?
6. *Wie heißen die Formen des unbestimmten Artikels?*
   Schreibe eine Tabelle wie für den bestimmten Artikel auf.

Die Fälle des Substantivs

2

Viele Blumen blühen auf der Wiese

Der Wiesenbocksbart hat gelbe Blüten. Der Storchschnabel blüht, nachdem die Wiese gemäht ist. Der Wiesenkerbel ... Der Sauerampfer ... Der Klee ... Der Wiesensalbei ...

Die Blüten des Wiesenbocksbartes sind gelb. Die Blätter des ...

An dem Wiesenbocksbart krabbelt eine Goldfliege. Auf dem Storchschnabel sitzt ... Neben dem Wiesenkerbel ist ein ...

Ich erkenne den Wiesenbocksbart an seinen gelben Blüten. Ich pflücke den ...

1. *Schlage die Pflanzen im Lexikon nach.*
   Ergänze und schreibe die Sätze auf.
   Unterstreiche die Artikel.
2. *Hast du bemerkt, wie sich der Artikel geändert hat?*
   Einmal hast du der, dann des, danach dem und den gebraucht.
   Setze nun für je ein Beispiel den unbestimmten Artikel ein:
   Ein Wiesenbocksbart hat ...
3. *Suche Beispiele für weibliche Blumennamen, und bilde Sätze mit dem bestimmten und dem unbestimmten Artikel:*
   Die Sonnenblume hat ...
   Eine Margerite ...

Substantiv und Artikel – zwei Unzertrennliche

1. Fall: Nominativ – *der Wiesenbocksbart, ein Wiesenbocksbart*
Frage: Wer oder was hat gelbe Blüten?
Antwort: Der Wiesenbocksbart hat gelbe Blüten.
Der Wiesenbocksbart ist das Subjekt des Satzes und zugleich ein Substantiv im Nominativ (1. Fall).

2. Fall: Genitiv – *des Wiesenbocksbartes, eines Wiesenbocksbartes*
Frage: Wessen Blüten sind gelb?
Antwort: Die Blüten des Wiesenbocksbartes sind gelb.
Mit dem Genitiv (2. Fall) bestimmt man ein Substantiv näher.

3. Fall: Dativ – *dem Wiesenbocksbart, einem Wiesenbocksbart*
Frage: An wem krabbelt eine Goldfliege?
Antwort: An dem Wiesenbocksbart krabbelt eine Goldfliege.

4. Fall: Akkusativ – *den Wiesenbocksbart, einen Wiesenbocksbart*
Frage: Wen oder was erkenne ich an seinen gelben Blüten?
Antwort: Ich erkenne den Wiesenbocksbart an seinen gelben Blüten.

Die Fragestellung nach dem Subjekt und dem Nominativ (1. Fall des Substantivs) ist gleich. Das Subjekt steht im Nominativ (*der Wiesenbocksbart*).

3 Rechtschreiben

1. Arbeit mit dem Wörterbuch

- **Stichwörter** sind im Wörterbuch fett gedruckt.
- **Seitenleitwörter** stehen jeweils am oberen Rand im Wörterbuch. Sie kennzeichnen das erste und letzte Wort der Seite oder der jeweiligen Spalte.
- **Wörter mit ä, äu, ö, ü** findest du unter a, au, o, u.
- Wenn du **Substantive in der Mehrzahl** (Plural) finden möchtest, mußt du unter der Einzahl (Singular) suchen.
- **Zusammengesetzte Substantive** mußt du in ihre Bestandteile zerlegen und jedes Wort einzeln suchen.
- Bei **gebeugten Verbformen** mußt du die Nennform (Infinitiv) bilden.
- **Abgeleitete Wörter** findest du unter dem Stammwort der jeweiligen Wortfamilie.

2. Regeln und Besonderheiten der Rechtschreibung

- **das** oder **daß:** das schreibt man, wenn man **dieses** oder **welches** einsetzen kann.
- Die **Selbstlaute (Vokale)** a, e, i, o, u und die **Umlaute** ä, ö, ü werden **lang** oder **kurz** gesprochen.
- **Lange Selbstlaute** (Vokale) können bezeichnet (h, ie, ieh) oder unbezeichnet (ohne h) sein.
- **kurze Selbstlaute** (Vokale) werden bezeichnet mit doppelten Mitlauten (Konsonanten).

Aus **tz** wird **t-z**.
(Müt-ze, aber: Sitz-platz)

In der **Mehrzahl**form (Pluralform) wird **ß** zu **ss**.
(der Fluß - die Flüsse)

Nach l, n, r, das merke ja, steht **nie tz** und **nie ck**.
(Arzt, Balken)

Aus **ck** wird oft **k-k.**
(Ak-ker, aber: pack-te)

Trenne nie **st**, denn es tut den beiden weh!
(Fen-ster, aber: Wachs-tuch)

Aus **ss** zwischen **zwei kurzen Selbstlauten** (Vokalen) wird in der verkürzten Form **ß**.
(fressen - er fraß - er frißt)

Nach ei und au steht nur **z** und **k**. *(Geiz, Pauke)*

ss steht nie am Wortende und vor t *(Fluß, laßt)*

Wenn du ein **Wort verlängerst**, kannst du erkennen, daß **ß zwischen** einem **langen** und einem **kurzen Selbstlaut** (Vokal) steht. *(die Füße, der Fuß)*

Wörter mit **ng** und **nk** werden nach Silben getrennt.
(Men-ge, len-ken)

Stichwörter und Seitenleitwörter 3

Streitereien

Es waren fünfzehn Großbuchstaben,
die wollten keinen Spiegel haben.

„Im Spiegel sind wir umgedreht –
ihr seht doch selbst, daß das nicht geht!
Wir alle, die dazugehören,
verlangen durch die Unterschrift,
die Spiegel sämtlich zu zerstören.
Das J, das K, das L, das B,
das N, das Q, das R, das E,
das Z, das S sowie das P,
das C, das F, das D, das G."

Dagegen sprach das Ypsilon:
„Ich spreche hier für elf Kollegen.
Wir andren merken nichts davon,
und deshalb stimmen wir dagegen.
Das A, das H, das I, das T,
das O, das U, das V, das W,
das M und ganz zum Schluß das X –
wir wolln uns gern im Spiegel sehn,
wir sind von beiden Seiten schön!"

Hans G. Lenzen

1. *Überprüfe die Buchstaben im Gedicht mit einem Spiegel.*
2. *In diesem Gedicht sind die Buchstaben des Alphabets enthalten, allerdings in der falschen Reihenfolge.*
   Schreibe sie richtig auf.
3. *Suche im Wörterbuch folgende Stichwörter:*
   Jeans, Blitz, Hexe, Bagger, Mütze, extra, jetzt, Kran, Taxi, Radio, Liter, Creme, Fabrik, nie, Quark, Sekunde, Vase, wechseln, Xylophon, Urlaub.
   Notiere, auf welcher Seite und in welcher Spalte du die Wörter gefunden hast.
   Notiere auch die Seitenleitwörter dazu.

Die Stichwörter sind im Wörterbuch fett gedruckt. Seitenleitwörter stehen jeweils am oberen Rand im Wörterbuch. Sie kennzeichnen das erste und letzte Wort der Seite oder der jeweiligen Spalte.

Ein Alphabet-Spiel

An diesem Spiel kann die ganze Klasse teilnehmen. Ihr könnt es aber auch in Gruppen oder nur zu zweit spielen.
Der erste von euch sagt ein Substantiv mit **A** am Anfang : **A**pfel; der nächste nennt ein Substantiv mit **B** am Anfang: **B**oot usw. bis zum Ende des Alphabets.
Ihr könnt auch mit Verben oder Adjektiven spielen.

Xylophon
Ypsilon

3 Ordnen nach dem Alphabet

Was kommt zuerst?

Fahrrad, Bus, Auto, Straßenbahn, Motorrad, Roller, Lastwagen, Dreirad, Postauto, Taxi, Kutsche

1. *Ordne die Wörter nach dem Alphabet. Schreibe sie auf.*
   Prüfe mit dem Wörterbuch.
2. *Welche Wörter sind falsch eingeordnet?*
   Schreibe die elf Wörter in der richtigen Reihenfolge auf:
   aber, Bagger, Dach, Camping, Eisenbahn, gelb, Fahrt, Haus, jetzt, innen, kaputt.
   Prüfe deine Lösung mit dem Wörterbuch.

So findest du die Wörter schneller

Wenn du diese Wörter nach dem 2. Buchstaben ordnest, findest du sie im Wörterbuch schneller:
Brücke, bald, Benzin, Blatt, Boden.

3. *Ordne die Wörter. Schreibe sie auf.*
   Kreise den 2. Buchstaben farbig ein.
4. *Prüfe mit dem Wörterbuch.*

Mehrere Wörter mit dem gleichen Anfangsbuchstaben ordnet man nach dem 2. Buchstaben.
ab
Ampel
Arm
Auto

Ordnen nach dem ... Buchstaben

darauf, dann, dafür, damit, Dach, dagegen, dadurch

5. *Hast du es schon gemerkt?*
   Bei diesen Wörtern ist auch der 2. Buchstabe gleich!
   Übertrage diese Tabelle ins Heft. Ordne die Wörter ein.
   Prüfe mit dem Wörterbuch.

1. Buchstabe	*2. Buchstabe*	*3. Buchstabe*	*Wörter im Alphabet*
D	*a*	*c*	*Dach*

Wörter, bei denen der 1. und 2. Buchstabe gleich sind, werden nach dem 3. Buchstaben geordnet.

6. *Bei diesen Wörtern sind die ersten 3 Buchstaben gleich:*
   Schrift, Schule, schlimm, schwer, schreiben, schön, schnell, schmutzig.
7. *Partnerarbeit: Du suchst in deinem Wörterverzeichnis Wörter und schreibst sie ungeordnet auf.*
   Dein Nachbar ordnet sie nach dem Abc und schreibt sie auf.
   Du prüfst.

Wörter, bei denen die ersten 3 Buchstaben gleich sind, werden nach dem 4. Buchstaben geordnet.

Arbeit mit dem Wörterbuch

3

Wörter mit ä, äu, ö, ü

äußern, Öl, öffnen, üben, Ähre, ändern, üben, Übersicht, ärgern

1. *Ordne die Wörter alphabetisch.*
2. *Suche die Wörter im Wörterbuch. Schreibe auch das voranstehende und nachfolgende Stichwort mit auf.*
   Schreibe so: Ahorn - Ähre - Akkusativ
   Unterstreiche die Umlaute.

Wörter mit ä, äu, ö, ü, findest du unter a, au, o, u.
ahnen | *ähnlich* findest
ähnlich } du zwischen
Ahorn | *ahnen* und *Ahorn*

Substantive in der Mehrzahl (Plural)

die Rucksäcke, die Hobbys, die Flüsse, die Ärzte, die Becken

3. *Ordne die Wörter alphabetisch.*
4. *Schreibe die Substantive nun in der Mehrzahl (Plural) und Einzahl (Singular) auf. Schreibe so: die Ärzte - der ...*
5. *Suche die Wörter im Wörterbuch.*

Wenn du Substantive in der Mehrzahl (Plural) finden möchtest, mußt du unter der Einzahl (Singular) suchen.
die Anfälle steht unter *der Anfall*

Zusammengesetzte Substantive

der Busfahrer, das Kindermädchen, die Gartenblume, der Füllfederhalter, das Rechengerät, die Holzbrücke

6. *Zerlege die Wörter in ihre Bestandteile.*
   Schreibe so: Busfahrer = Bus + Fahrer
7. *Suche die Wörter im Wörterbuch. Notiere Seite und Spalte.*

Zusammengesetzte Substantive mußt du in ihre Bestandteile zerlegen und jedes Wort einzeln suchen.
das Haustier
das Haus *das Tier*

Gebeugte Verben

wir sind gekrochen, er pfiff, du darfst, wir haben gehangen, du denkst nach, er nahm

8. *Unter welchen Stichwörtern findest du diese Verbformen?*
   Schreibe auf: wir sind gekrochen - kriechen S. ...

Bei gebeugten Verben mußt du die Nennform (Infinitiv) bilden.
er steigt – steigen

Abgeleitete Wörter

abgeleitetes Wort	**Stichwort im Wörterbuch**	
die Berichtigung	*berichten*	S. ...
der Betrüger	*betrügen*	S. ...
das Gebell	*bellen*	S. ...
belgisch	*Belgien*	S. ...
der Begriff	*begreifen*	S. ...

9. *Erweitere die Tabelle, und suche folgende Wörter: seitlich, Schreibmaschine, fiebern, Flüssigkeit, keramisch, wenigstens.*

Abgeleitete Wörter findest du unter dem Stammwort der jeweiligen Wortfamilie.
die Nachlässigkeit steht unter *nachlässig*

3 Wir bereiten einen Text für ein Diktat vor

Frösche in Gefahr

Frösche haben von klein auf viele natürliche Feinde. In dem Laich eines Froschweibchens sind deshalb Tausende von befruchteten Eizellen enthalten. Stellt euch vor, aus jedem Ei würde ein erwachsener Frosch!
Laich ist ein begehrter Leckerbissen. Als Nahrung für kleinere und größere Fische ist er sehr willkommen. Im Frühjahr ist der Tisch für Wassertiere reichlich gedeckt. Auch die Kaulquappen haben keine Ruhe. Größere Fische und Wasservögel fressen sie besonders gern. Gerade auch für Enten sind sie ein Leckerbissen.
Ausgewachsene Grasfrösche leben auf der Wiese. Dort warten schon andere hungrige Mäuler auf sie.
Am meisten jedoch macht der Mensch dem Frosch zu schaffen ...

1. *Welche Tiere warten schon auf die ausgewachsenen Grasfrösche?*
   Wie ist das mit den Menschen?
2. *Bereite diesen schwierigen Text für das Diktat vor:*
   - *Schreibe zuerst die Wörter mit doppeltem Mitlaut (Konsonant),*
   - *dann die Wörter mit* **ck** und **ß**,
   - *dann die Zusammensetzungen*

   Übe die Wörter, wie du es gelernt hast.
3. *Welche Wörter sind für dich noch schwierig?*
4. *Laß dir den Text diktieren.*

Ein großer Teich war zugefroren;
Die Fröschlein, in der Tiefe verloren,
Durften nicht ferner quaken noch springen,
Versprachen sich aber, im halben Traum:
Fänden sie nur da oben Raum,
Wie Nachtigallen wollten sie singen.
Der Tauwind kam, das Eis zerschmolz,
Nun ruderten sie und landeten stolz
Und saßen am Ufer weit und breit
und quakten wie vor alter Zeit.

Johann Wolfgang von Goethe

5. *Wer trägt das Gedicht am besten vor?*
6. *Suche eine passende Überschrift für das Gedicht.*
7. *Schreibe das Gedicht mit der Überschrift auf.*

Wir üben für Diktate

3

Im vierten Schuljahr werden die Diktate oft unvorbereitet geschrieben. Dies ist aber nur möglich, weil wir bisher viel geübt, einige Regeln gelernt, Diktate geschrieben und kontrolliert haben.
Bei dieser Wiederholungseinheit gehen wir so vor: Wir versuchen an Beispielen, die besonderen Schwierigkeiten der Rechtschreibung herauszufinden und zu begründen. Wie bei allem gilt hier besonders:

Übung macht den Meister! Gut geübt ist stets gewußt!

Wer fehlerfrei schreiben möchte, muß vieles können, z. B.:
- gut zuhören
- Regeln anwenden
- Schwierigkeiten erkennen
- schwierige Wörter einprägen
- Besonderheiten beachten

Auf der Schlittenbahn

An einem kalten Wintertag gingen meine Freunde und ich rodeln. Wir bauten uns eine tolle Schlittenbahn mit einer Schneeschanze in der Mitte. „Wer schafft es, ohne Sturz unten anzukommen?“ schrie Anke. Sie setzte sich als erste auf den Schlitten und sauste los. Wir anderen rasten hinter ihr her den Berg hinunter. Ab und zu kippte zwar ein Schlitten um, aber wir landeten auf dem Hosenboden. Zum Schluß banden wir unsere Schlitten aneinander und rutschten als Riesenschlange über die spiegelglatte Bahn. Hei, war das ein Spaß!
Am Abend zogen wir müde und mit nassen Kleidern nach Hause. Noch im Traum sauste ich auf meinem Schlitten über die Rodelbahn.

1. Schreibe aus dem Text die drei häufigsten Rechtschreibschwierigkeiten so heraus:
- Mitlautverdopplung (Konsonantenverdopplung):
  Schlittenbahn (kurzes i: ***itt***)
- langer, betonter Selbstlaut (Vokal) mit zusätzlichem Merkmal: Schlittenbahn (langes a: ***ah***),
  Schneeschanze (langes e: ***ee***)
  Sonstige Schwierigkeiten: Sturz (***rz***, nicht rtz)
  Anke (***nk***) ...

Merke: Es gibt noch mehr Rechtschreibschwierigkeiten.
Auf welche mußt du auch besonders achten?
Zum Beispiel rodeln: (langes o ohne Kennzeichnung), ...
Gibt es Schwierigkeiten bei der Großschreibung der Substantive? ...

3 Wir erkennen Rechtschreibschwierigkeiten

Rechtschreibschwierigkeiten beim Diktieren erkennen:
Wer beim Diktieren richtig **zuhört**, erkennt viele Rechtschreibschwierigkeiten.

Gäste auf dem Balkon

Die kalten Nächte waren vorüber.
Mutter hängte die Balkonkästen hinaus. Ina beobachtete durch das Wohnzimmerfenster, wie sich eine Amsel an den Kästen zu schaffen machte.
Als sie nach einigen Tagen die Blumen gießen wollte, entdeckte sie ein Vogelnest. Vier Eier lagen darin. Nun benützte die Familie den Balkon kaum noch, um die Vögel während der Brutzeit nicht zu stören.
Nach ungefähr zehn Tagen schlüpften nacheinander vier Junge aus. Die Vogeleltern flogen eifrig hin und her. Unermüdlich stopften sie Futter in die aufgerissenen Schnäbel der jungen Amseln. Diese wuchsen schnell und unternahmen bald ihre ersten Flugversuche.
Als Ina ihrer Freundin das Nest zeigen wollte, war es leer.

1. *Schreibe den Text ab. Kennzeichne die Rechtschreibschwierigkeiten mit verschiedenen Farben.*
   Schreibe sie dann auf wie im ersten Beispiel

Bei den Seehunden

Letzte Woche besuchte Martin den Zoo. Er ging gleich zu den Seehunden, denn er wollte die Fütterung nicht versäumen. Um das Wasserbecken hatten sich schon viele Zuschauer versammelt. Endlich war es soweit! Der Tierpfleger erschien. Er schleppte einen schweren Eimer, der bis zum Rand mit Fischen gefüllt war. Ein Lockruf genügte, und alle Tiere kamen angeschwommen.
Am besten gefiel Martin ein junger Seehund. Dieser watschelte auf den Pfleger zu und bettelte um einen Happen. In hohem Bogen warf der Mann einen Fisch ins Wasser. Flink sprang der hungrige Kerl hinterher.
Platsch! Das Wasser spritzte auf. Am Beckenrand stand ein völlig durchnäßter Wärter. Die Zuschauer lachten und klatschten.

2. *Laß dir den Text langsam satzweise diktieren.*
3. *Suche in jedem Satz die Wörter mit besonderen Rechtschreibschwierigkeiten heraus.*
4. *Begründe deine Auswahl.*
5. *Führe mit diesen Wörtern Übungen durch.*

Das oder daß

3

Zwei Spiele

Für das Eierrollen bringt jeder Mitspieler von zu Hause harte Eier mit. Das Spiel wird an einem kleinen Berg gespielt. Die Spieler lassen hintereinander ihre Eier die schiefe Ebene hinunterrollen. Der Besitzer des Eies, das am weitesten gerollt ist, hat gewonnen. Eier, die kaputt sind, zählen nicht.
Zum Eierpusten setzt ihr euch um einen Tisch und legt die Unterarme auf die Seiten. In der Mitte liegt ein leeres Ei. Jeder pustet so stark, daß das Ei nach Möglichkeit an den Unterarm eines Mitspielers stößt. Dieser gibt ein Pfand.
Kennt ihr auch ein Pfandspiel? Ein Spieler nimmt ein Pfand und hält es versteckt in der Hand. Die anderen bestimmen, was der Besitzer des Pfandes tun soll. Wer hat den besten Einfall?

1. *Unvorbereitetes Diktat mit anschließender Kontrolle.*

Ein Gespräch nach Ostern

Tim: „Es war gut, ___ an Ostern schönes Wetter war. Im letzten Jahr war ___ Wetter so schlecht, ___ wir im Zimmer spielen und suchen mußten."
Rolf: „___ Spiel, ___ ich bekommen habe, kann man auch im Haus spielen. Kommst du morgen zu mir, damit wir es zusammen ausprobieren können?"

2. *Ergänze „das" oder „daß".*
   Schreibe den Text auf.
   Benutze dazu die Prüfwörter aus dem grauen Kasten.

Übungswörter:
bestimmen
einander
möglich,
(Möglichkeit)
Ostern
schief

Wenn man nicht weiß, ob man **das** oder **daß** schreiben soll: **das** schreibt man, wenn man auch **dieses** oder **welches** sagen kann:
Das (dieses) Ei, das (welches) ich bekommen habe, ... Paß auf, daß (dieses/welches paßt nicht!) das Ei nicht kaputtgeht!

Ein Überraschungsei

Schreibe eine kleine Geschichte, ein Gedicht oder ein Rätsel, ___ dir gefällt, auf dünnes Papier. Du rollst ___ Papier so eng zusammen, ___ es in ___ kleine Loch eines ausgeblasenen, bemalten Eies paßt. Zu Ostern kannst du ___ Ei verschenken.

3. *Mache die Probe mit „dieses" oder „welches": In welche Lücken gehört „das", in welche gehört „daß"?*
4. *Bilde je drei Sätze mit „das" und „daß". Mache die Probe.*

3 Selbstlaute (Vokale) und Mitlaute (Konsonanten)

Lang oder kurz?

- Tag, wahrscheinlich, kämmen, Haar, Kaffee, Wald, Kälte, zählen, Mädchen, glatt, (einige) Male, Lärm, sprang, Katze
- Schere, Fehler, treffen, Geld, bellen, Menschen, Herr, Feld, hellblau, Meer, weckt, Welt, wegen
- dir, Lied, Brille, hieß, geritten, Mittagessen, erinnern, Griff, ihm, Knie, Gewitter, Brief, bitter, hierher, stimmt, mittags, wissen, gießen
- Boden, Zoo, Sohn, Gott, Schlösser, Vögel, fröhlich, Ohr, ohne, boxt, öfter, gegossen, begonnen
- Beruf, grüßen, fühlen, Schuh, Durst, müssen, Gruppe, Wut, hüpft, guckt, müßte, frühstücken

Übungswörter:
Brille
erinnern
Lärm, lärmen
Mittagessen, mittags
reiten, ritt, geritten
wegen
Welt

1. *Ordne die Wörter. Schreibe so:*
   Wörter mit ah, eh, oh, öh, üh: wahrscheinlich, ...
   Wörter mit aa, ee, ie: Haar, ...
   Wörter mit doppeltem Mitlaut (Konsonant) nach dem Selbstlaut (Vokal)/Umlaut: kämmen, ...
   Wörter mit ck oder tz: Katze, ...
   Andere Wörter mit kurzem Selbstlaut (Vokal): Wald, ...
   Andere Wörter mit langem Selbstlaut (Vokal): Tag, ...
2. *Übe die Wörter so lange, bis du die langen und kurzen Selbstlaute (Vokale)/Umlaute nach Diktat richtig schreiben kannst.*

Buchstabenzauber

das Nest - nett	halten - die___	die Taste - die ___
das Volk - v___	bald - der___	der Wald - der ___
das Fest - f___	der Kasten - die___	das Herz - der ___
die Tante - die___	die Wolke - ______	das Feld - das ___

3. *Nimm bei den Wörtern einen Mitlaut (Konsonanten) weg. Verdopple den anderen. Schreibe die Wortpaare auf:*
   das Nest - nett, ...

Falsch zusammengesetzt

Baggerstoff - Kleiderführer, Sonnenteller - Puppenschein, Himmelhörer - Telefonbett, Sommerzimmer - Kinderwetter, Teeschiff - Kirchentasse, Herrenauto - Müllbrille, Gottestasche - Hosendienst, Kartoffelzettel - Stimmacker

4. *Setze die Wörter wieder richtig zusammen.*

Lange und kurze Selbstlaute (Vokale), Umlaute

3

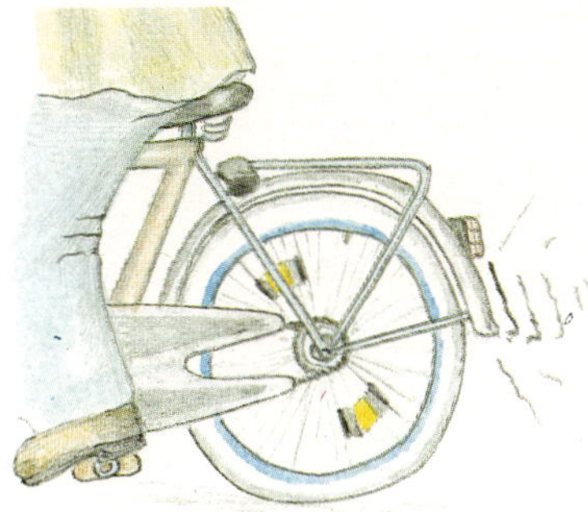

Das Schutzblech

Ein Junge fährt Rad. Sein Schutzblech klappert. Ein Mädchen ruft ihm zu: „Dein Schutzblech klappert!" Der Junge antwortet: „Was ist los? Ich kann nichts verstehen, mein Schutzblech klappert."

1. *Wir unterscheiden lange und kurze Selbstlaute (Vokale)/Umlaute. So üben wir:*
   Jemand liest die Wörter laut vor. Die anderen passen genau auf.
   Wer einen kurzen Selbstlaut (Vokal)/Umlaut hört, schlägt die Hand von oben nach unten: Schutzblech.
   Wer einen langen Selbstlaut (Vokal)/Umlaut hört, macht eine Handbewegung von links nach rechts: fährt.
2. *Trage Wörter aus dem Text „Das Schutzblech" in solch eine Tabelle ein:*

langer Selbstlaut (Vokal)/ Umlaut	*kurzer Selbstlaut (Vokal)/ Umlaut*
fährt,	Schutzblech

3. *Kennzeichne die langen Selbstlaute (Vokale) und Umlaute mit einem Strich:*
   fährt, ...
   Die kurzen kennzeichnest du mit einem Punkt:
   Schutzblech, Junge, ...
4. *Suche noch mehr Wörter auf dieser Seite für die Tabelle.*

Die **Selbstlaute** (Vokale) **a, e, i, o, u** und die **Umlaute ä, ö, ü** werden **lang** oder **kurz** gesprochen.

Richtig eingeordnet?

langer Selbstlaut (Vokal)/Umlaut
viel, wohl, Uhr, Zahl, links, Zoo, ihr, vier, Ohr, Fahrt, früh, Bahn, paar, sehr, rot, Ball, süß, Haare
kurzer Selbstlaut (Vokal)/Umlaut
wann, Wasser, Stück, rechts, schlimm, Fluß, Blatt, ihn, still, daß, gelb, wenn, Hund, Schiff, Stadt, naß, Schnee

5. *Lies laut und achte genau darauf: Welche vier Wörter sind falsch eingeordnet?*
6. *Ordne die Wörter richtig. Trage sie in der Tabelle ein.*
   Kennzeichne die langen Selbstlaute (Vokale)/Umlaute mit einem Strich, die kurzen mit einem Punkt.
7. *Suche im Wörterverzeichnis noch zehn Wörter für die Tabelle. Trage sie ein.*

3 Länge von Selbstlauten (Vokalen)

Übungswörter:
Art, artig
Beruf
dienen
drohen
ehe (bevor)
fliehen
Flur
gar, gar nicht
geschieht
graben, Graben,
Grube
Kanal
Knie
niemals

Lange Selbstlaute (Vokale)

ohne h	h	ie	ieh
Art, artig ⋮	drohen ⋮	dienen ⋮	fliehen ⋮

1. Trage die Wörter von der Pinnwand in die Tabelle ein.
2. Ergänze die Spalten durch Wörter aus dem Wörterverzeichnis. In jeder Spalte sollen wenigstens sieben Beispiele stehen. Unterstreiche die langen Selbstlaute (Vokale).

Redensarten

- Wer andern eine Grube gräbt, fällt selbst hinein.
- Richte keinen Flurschaden an!
- Jeder ist seines Glückes Schmied.
- Lügen haben kurze Beine.
- Wer die Wahl hat, hat die Qual.

3. Lies die einzelnen Redensarten. Versuche sie zu deuten.
4. Schreibe die Wörter heraus, in denen ein langer Selbstlaut (Vokal) vorkommt.
5. Kennst du noch andere Redensarten?

Reizwortgeschichten

- drohen - Dieb - fliehen
- Beruf - Kanal - Grube
- Wette - Pfennig - schwimmen

6. Schreibe eine kleine Reizwortgeschichte, in der die drei Wörter einer Zeile vorkommen.

Berufe

Schreiner, Gärtnerin, Korbmacher, Lehrer, Arzt, Optiker, Gastronom, Vertreter, Moderator, Fensterputzer, Glaser

7. Ordne die Berufe alphabetisch.
8. Erläutere die Berufsbezeichnungen.
9. Schreibe fünf Sätze auf, welche Berufe in deiner Familie oder Verwandtschaft vorkommen. Schreibe so: Mein Vater ist ...

Wortbedeutungen

ehe es regnet, die Ehe meiner Eltern, das gare Fleisch, gar nicht schön, die Art und Weise, artige Kinder, der Flur im Haus, Felder und Fluren, der Kanal im Fernsehen, der Kanal im Spreewald

10. Bilde mit jeder Wortgruppe einen Satz.

Wörter mit hl, hn, hr

3

Das Dehnungs-h

1. *Lies die Wörter von der Pinnwand laut vor.*
   Wie werden diese Wörtern gesprochen?
2. *Ordne die Wörtern nach Wörter mit hl, hn, hr.*
   Schreibe so: Wörter mit hl: anlehnen, ...
   Wörter mit hn: ahnen, ...
   Wörter mit hr: ...
   Unterstreiche die Selbstlaute (Vokale) vor dem Dehnungs-h.
3. *Ordne die Wörter nach Wortarten.*
   Schreibe so: Substantive:
   Verben:
   Adjektive:

Übungswörter:
ahnen
anlehnen, Lehne
bohren
Bühne
dehnen
Ehre, ehren,
ehrlich
fühlen
führen
kahl
Kahn
lehren
Lohn, lohnen
mahlen
mahnen
Mehl
Mühle

Die Belohnung

Antonio fühlt sich heute sehr wohl. Er hat den Hund von Frau Schulz ausgeführt und noch dazu ein Lob von der Lehrerin erhalten. Jetzt wird er von der Mutter belohnt. Sie hat versprochen, mit ihm Kahn zu fahren.

4. *Schreibe ab; unterstreiche die Wörter mit einem Dehnungs-h.*
5. *Welche Zeitformen wurden in den Sätzen verwendet?*
   Begründe deine Aussagen.
6. *Bist du auch schon einmal belohnt worden? Erzähle darüber.*

Partnerdiktat

In der Mühle wird das Mehl gemahlen.
Der Maler streicht die Wände an. Wir malen heute mit Wasserfarben.
Auf der Bühne wird ein Stück aufgeführt.
In der Schule lehrt der Lehrer.
Der Hausmeister leert unsere Papierkörbe aus.

7. *Übe diese Sätze mit deinem Partner so lange, bis du sie fehlerfrei schreiben kannst.*

Womit fährt der Fahrer?

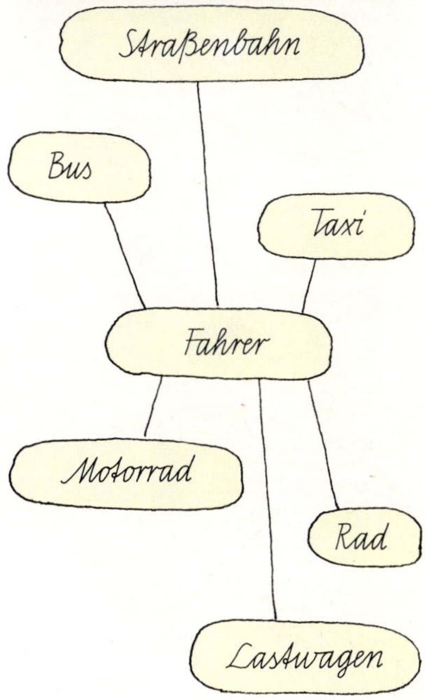

8. *Setze die Wörter aus dem Wortstern zusammen.*
9. *Viele Wörter mit fahr: mitfahren, hinfahren , Fahrrad, Fahrer, Radfahrer, auffahren, zurückfahren, Fahrlehrer, Fahrschule, Fahrverbot, Rückfahrt, anfahren, abfahren.*
   Schreibe die Substantive in dein Heft.

3 Mitlautverdopplung (Konsonantenverdopplung)

Übungswörter:
Bagger
betteln
billig
bitter
bummeln
Damm
doppelt
Geschirr
herrlich
hoffen, hoffentlich
jammern
Klappe, klappen
matt
Pfennig
Wette, wetten

Einsetzübung

billig bitter herrlich matt

ein ______ Kostüm, ______ Scheiben, die ______ Wahrheit, ein ______ Sommer, die ______ Gurke, ______ Hefte, ______ Licht, ein ______ Angebot, ______ Schnaps, ______ Wetter

1. *Bilde Wortgruppen, und setze die vier Adjektive ein.*
2. *Gieße die Kanne aus.*
   Finde zu jeder Mitlautverdopplung drei Wortbeispiele.
   Schreibe so: Wörter mit ll: ...
   Wörter mit mm: ...

Spiel mit Satzgliedern

Die Mutter deckt den Tisch.
Das Geschirr steht in der Küche.
Die Klappe des Ofens steht offen.
Der Vater fährt einen Bagger.
Es kostet dich keinen Pfennig.

3. *Schreibe die Sätze auf Papierstreifen.*
4. *Bestimme in den einzelnen Sätzen alle Satzglieder.*
   Bestimme auch die Fälle der Substantive.
5. *Zerschneide die Sätze in die einzelnen Satzglieder.*
   Stelle die Sätze möglichst oft um.
   Bilde auch neue Sätze anderen Inhalts.
6. *An welcher Satzgliedstelle steht das Prädikat?*
   Schreibe einen Merksatz dazu.
   Schreibe so: In Aussagesätzen steht das Prädikat immer an ______ Satzgliedstelle.

Wortschätzchen

Ba__wer_en
S_ckhü__en
Sei_spri__en
Ei_r_au_
Lu_tba__onschie_en

7. *Die Klasse 4b möchte zum Kinderfest einige Stationen aufbauen. Welche Stationen sind es? Schreibe sie auf.*
8. *Erfinde weitere Wortschätzchen. Befrage deinen Partner.*

Wörter mit ff, ll, mm, nn, pp, rr, ss, tt

3

Eine spannende Geschichte

Der dürre Heiner hat einen krummen Rücken. Oft wird er deswegen von Kindern verspottet. Heiner wohnt in einer Hütte am Meer. Die Wellen klatschen am Strand auf. Das hebt Heiners Stimmung. Er greift in die Hosentasche, nimmt einen Gummi und schnippst damit Hühnergötter ins Meer. Die Möwen flattern kreischend davon. Plötzlich zittern Heiners Hände. Entsetzt starrt er in Richtung Meer. Unmittelbar vor ihm schwimmt eine blaue Luftmatratze. Kein Mensch ist weit und breit zu sehen. . . .

1. *Schreibe zunächst alle Wörter heraus, in denen eine Mitlautverdopplung auftritt. Ohne Überschrift müssen es 15 Wörter sein.*
2. *Schreibt den Text als Partnerdiktat. Überprüft gegenseitig die Richtigkeit.*
3. *Wie könnte die Geschichte weitergehen? Erfinde einen Schluß.*

Übungswörter:

dessen
dürr
Fell
flattern
Griff, er griff,
greifen
Gummi
Hütte
irren
krumm
Mappe
Metall
pressen, er preßt,
Presse
Sessel
spannen
spotten
Stimme, stimmen
Teppich
Waffel
Welle
zittern

Reimwörter

dessen	Fell	Griff	krumm	Mappe
w______	h______	Sch______	d______	Kl______
E______	schn____	R______	st______	K______

4. *Bilde Reimwörter.*

Pinnwandübungen

5. *Lies die Wörter von der Pinnwand.*
   Formuliere einen Merksatz. Nach ______ Selbstlaut (Vokal) folgt meist ______ Mitlaut (Konsonant).
6. *Schreibe zu jedem Selbstlaut (Vokal), den es gibt, ein Beispiel zum Merksatz auf. Kennzeichne die Selbstlaute (Vokale) farbig.*
   Schreibe nacheinander alle Substantive und Verben von der Pinnwand ab.
   Schreibe so: Substantive: Fell, . . .
   Verben: flattern, . . .
7. *Suche die zwei Adjektive unter den Pinnwandwörtern heraus. Bilde zu jedem Adjektiv drei Wortgruppen.*
8. *Manche Leute sagen: „Ein doppelter Mitlaut (Konsonant) steht zwischen zwei kurzen Selbstlauten (Vokalen).“*
   Überprüfe, ob das stimmt.

Das Feuer

Hörst du, wie die Flammen flüstern,
knicken, knacken, krachen, knistern,
wie das Feuer rauscht und saust,
brodelt, brutzelt, brennt und braust?

Siehst du, wie die Flammen lecken,
züngeln und die Zunge blecken,
wie das Feuer tanzt und zuckt,
trockne Hölzer schlingt und schluckt?

Riechst du, wie die Flammen rauchen,
brenzlig, brutzlig, brandig schmauchen,
wie das Feuer, rot und schwarz,
duftet, schmeckt nach Pech und Harz?

Fühlst du, wie die Flammen schwärmen,
Glut aushauchen, wohlig wärmen,
wie das Feuer, flackrig-wild,
dich in warme Wellen hüllt?

Hörst du, wie es leiser knackt?
Siehst du, wie es matter flackt?
Riechst du, wie der Rauch verzieht?
Fühlst du, wie die Wärme flieht?

Kleiner wird der Feuersbraus:
Ein letztes Knistern,
ein feines Flüstern,
ein schwaches Züngeln,
ein dünnes Ringeln –
Aus.

James Krüss

1. *Du kannst auf die ersten fünf Strophen Antwort geben:*
   Ich höre, wie die Flammen flüstern, ...
   Welche Satzzeichen mußt du verändern?
2. *Suche alle Wörter heraus, die nach einem kurzen Selbstlaut (Vokal) oder Umlaut doppelte Mitlaute (Konsonanten) haben. Kreise die doppelten Mitlaute (Konsonanten) ein:*
   Flammen, ...
3. *Suche alle Wörter heraus, die nach einem kurzen Selbstlaut (Vokal) oder Umlaut mehrere verschiedene Mitlaute (Konsonanten) haben: flüstern, knicken, ...*

Wörter mit au und Wörter mit eu

Feuer, hinterherlaufen, freuen, Haut, deutsch, Leute, teuer, Freundin, blau, heulen, Flugzeug, Zeugnis, Traum, draußen, Hauptsache, neun, außer, braun, rauskommen, erstaunt, Bauch, kaum, neugierig, traurig, Frau, überhaupt, tauschen, euer, Raum, laut, tausend, Pause, deutlich, Urlaub, auseinander, Freund, heute, freundlich, euch, glauben, genau, Aufsatz, aus, im August, Baum

4. *Schreibe die Wörter so ab:*
   Wörter mit au: hinterherlaufen, ...
   Wörter mit eu: Feuer, ...
5. *Stelle Reimwörter zusammen:*
   Feuer – teuer – euer, ...

Aus au wird äu – äu kommt von au

1. *Ordne die Wörter richtig ein, Kreise alle **äu** ein:*
   Baum, Haus, Pause, Traum, Maus, Auge, Häute, Mäuse, Bäumchen, Fäuste, Pausen, Augen, Faust, Zäune, Häutchen, Mäuschen, Räumchen, Häuser, Bäume, Zaun, Träumchen, Äugchen, Häuschen, Päuschen, Zäunchen, Träume, Fäustchen, Haut, Räume, Raum.

Einzahl (Singular)	*Mehrzahl (Plural)*	*Verkleinerungsform*
der Baum	*die Bäume*	*das Bäumchen*

2. *Immer 3 Wörter gehören zusammen:*
   träumen, sauber, aufräumen, säubern, geträumt, Raum, aufgeräumt, geschäumt, eingezäunt, Traum, einzäunen, gesäubert, schäumen, säuberlich, Schaum.
   Schreibe so: träumen – geträumt – der Traum

3. *Was gehört zusammen:*
   Läufer, Verkäufer, Geräusch, Gebäude, Fäuste, häufig, Bäuche, Fräulein, bräunen, gläubig, läuten, räuchern
   bauen, Frau, laufen, braun, verkaufen, glauben, rauschen, laut, Bauch, Haufen, Rauch, Faust?
   Ordne so: laufen – der Läufer, …
4. *Welche Wörter mit **äu** gehören zu diesen Wörtern:*
   Auge, Ausflug, außen, Mauer, Pause, kaum, Schaukel, Staub, sauber, brauchen, Kraut, kaufen, schauen, auch, erlauben?
   *Zu welchen Wörtern hast du kein passendes Wort mit **äu** gefunden?*

5. *Drei Wörter gehören zu einer Familie:*
   läuten, Wahl, gezählt, zählen, lassen, Fahrräder, erklären, schlafen, wählerisch, läßt, Rad, Schläfer, säubern, laut, lässig, täglich, klar, gesäubert, täuschen, sauber, erläutern, schläft, Tag, tagtäglich, Räder, Zahl, geklärt, wählen, tauschen, enttäuschen.
   Schreibe so: läuten – laut – erläutern, …

eu bleibt eu

6. *Ordne nach der Wortart. Kreise **eu** ein:*
   heute, Feuer, neu, Leute, bedeuten, teuer, neugierig, deutsch, neun, neulich, euch, Freude, deutlich, Deutschland, sich freuen, Freund, heulen, freundlich, Freundin, leuchten, Zeugnis.

Substantive (7): das Feuer	*Adjektive (6): …*
Verben (4):	*andere Wörter (4): …*

In der Geschäftsstraße

1. Welche Artikel gehören in welches Geschäft? Schreibe es auf.

2. Kennst du noch weitere Geschäfte? Notiere sie.

Das Verb säen

Das Verb säen wird ohne h geschrieben. Du mußt dir die Schreibweise fest einprägen, ebenso das Substantiv Säer.

Personen	Präsens	Präteritum	Perfekt
1. P. EZ	ich säe		
2. P. EZ		du sätest	
3. P. EZ			er hat gesät
1. P. MZ			
2. P. MZ			
3. P. MZ			

3. Vervollständige die Tabelle.

Manchmal klingt das ä in Wörtern wie e. Deshalb mußt du dir die Wörter fest einprägen. (oder: die Schreibweise)

Gegensätze

schräg ist nicht ... leicht ist nicht ... kurz ist nicht ...
hell ist nicht ... oben ist nicht ... weich ist nicht ...
drunter ist nicht ... heiß ist nicht ...

4. Schreibe jeweils das Gegenteil dazu auf.

Dialog

Daniel: „Die Jungen haben mich geärgert. Denen werde ich es zeigen."
Vater: „Sind das die Jungen aus deiner Klasse?"
Daniel: „Nein, es sind die vom Spielplatz. Denen habe ich es schon einmal gegeben."

5. Wen meint Daniel mit dem Wort „denen"?

Selten

6. Was machst du selten? Schreibe drei Sätze auf.

Übungswörter:
Bär
denen
drängeln, drängen
Gerät
Geschäft
mähen
nähen
schämen
säen (von Saat)
schräg
selten
während

Wörter mit aa, ee, oo

3

Wörter mit doppeltem Selbstlaut

der Klee, die Saat, der Zoo, der Schnee, das Boot, leer, das Paar, das Moos, das Haar, der Tee, der Teer, das Meer, der See, die Beere, der Kaffee, der Staat, der Saal

1. Lies die Wörter. Wie werden die Selbstlaute gesprochen?
2. Ordne die Wörter nach den Selbstlauten.
Schreibe so: Wörter mit aa:
Wörter mit ee:
Wörter mit oo:
3. Ordne die Wörter alphabetisch.
4. Von einigen Substantiven kannst du die Mehrzahlform (Pluralform) bilden. Schreibe so: der Zoo - die Zoos, ...
Prüfe mit dem Wörterbuch.
5. Bilde Reimwortpaare.
6. Bilde zusammengesetzte Substantive.
Schreibe so: das Kleeblatt, ...

Übungswörter:
Klee
Meer
Moos
quälen
Saal
Staat
Teer
Waage

Kleine Detektive

Daniel und Peter spielen Detektiv. Sie spüren die Bedeutung schwieriger Wörter auf. Peter hat ein Lexikon dabei.

7. Folgende Wörter haben sie für euch aufgehoben: der Ballsaal, der Kinderzoo, der Schneehase, das Leergut, der Meeresbiologe, die Seenplatte, die Staatsbürgerschaft, die Meerkatze.
Versucht die Bedeutung der Wörter zu klären.

Wörter mit qu oder Qu

das **Quadrat**	**qualmen**	**quer**	die **Quitte**
quaken	der **Quark**	**quetschen**	**quittieren**
die **Qual**	das **Quartett**	**quieken**	die **Quittung**
quälen	das **Quecksilber**	**quietschen**	das **Quiz**
die **Qualle**	die **Quelle**	**quirlen**	**überqueren**
der **Qualm**	**quellen**	der **Quirl**	

8. Ordne die Wörter:
Substantive (Namenwörter): das Quadrat, ...
Verben (Zeitwörter): quaken, ...
Welches Wort bleibt übrig?
9. Erkläre diese Wörter:
Qualle, Quelle, quetschen, Quirl, Quittung, Quiz.
Schreibe jeweils einen Satz: Die Qualle ist ein Meerestier ...

3 Wörter mit b/p, d/t, g/k am Wortanfang

B oder P, b oder p?

_lätter, _ringen, _rot, _ruder, _raktisch, _lühen, _rauchst, _roblem, _rechen, _robieren, _raucht, _reis, _rannte, _rille, _rücke, _lötzlich, _rief, _latz, _loß, _lau, _leiben

1. *Welche Buchstaben fehlen? Sprich die Wörter deutlich. Schreibe sie auf: Blätter, ...*
2. *Überprüfe mit dem Wörterbuch oder mit dem Wörterverzeichnis (S. 134–143). Verbessere deine Fehler.*
3. *Kreise die Mitlaute am Wortanfang ein: Blätter, ...*

Silbenräder und Drehscheiben mit d, t/T, g/G

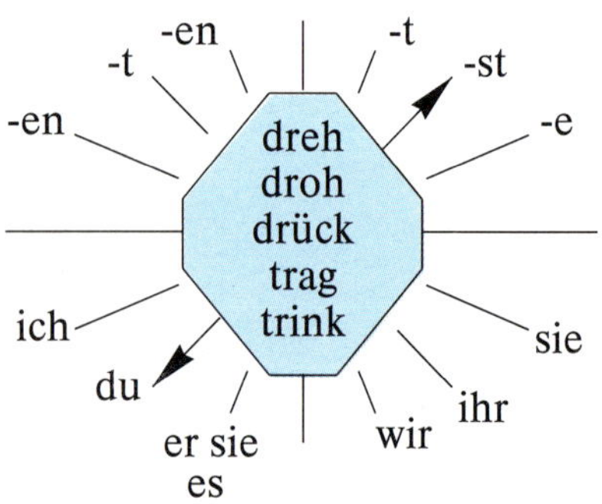

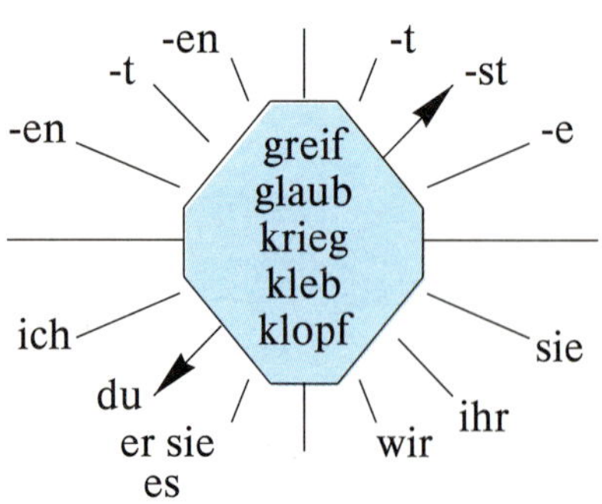

4. *Setze die Silben zusammen. Schreibe die Wörter in dein Heft: dreckig, ... Überprüfe mit dem Wörterbuch oder mit dem Wörterverzeichnis. Verbessere deine Fehler.*
5. *Kreise die Mitlaute (Konsonanten) am Wortanfang ein: dreckig, ...*
6. *Links stehen Wortstämme von Verben und Endungen: Was gehört zusammen? Schreibe in dein Heft: Ich drehe, du drehst, ...*
7. *Dein Nachbar prüft deine Lösungen: Verbessere deine Fehler.*
8. *Kreise die Mitlaute (Konsonanten) am Wortanfang der Verben ein: ich drehe, ...*

Falsch zusammengesetzt

Blät/tisch – prak/ter, Pfen/le – Bril/nig,
Pfer/fe – Brie/de, krie/geln – klin/chen,
Glä/ßen – grü/ser, trau/men – träu/en, tre/gen – tra/ten

9. *Setze die Wörter richtig zusammen. Schreibe so in dein Heft: die Blätter, ...*
10. *Prüfe mit dem Wörterbuch, verbessere deine Fehler.*
11. *Kreise die Mitlaute (Konsonanten) am Wortanfang ein.*

Löcherkäse

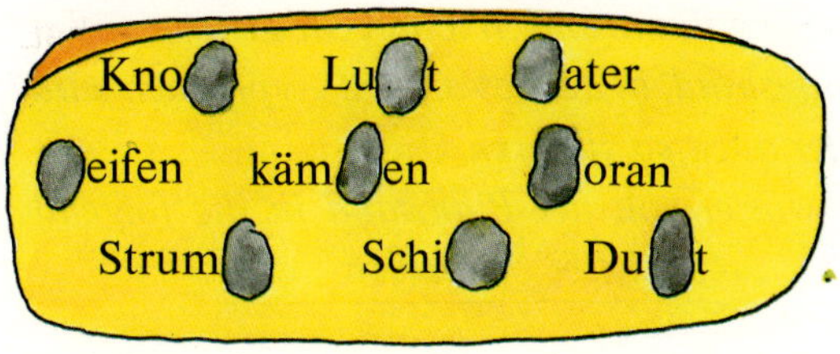

1. Stopfe die Löcher im Käse mit pf, f, v. Schreibe die Wörter auf.

Übungswörter:
Felsen
feucht
frech
Furcht, fürchten
Kampf, kämpfen
Knopf
Luft
pfeifen, er pfiff
Pflaume
Pflicht
Pflug, pflügen
Strumpf
voraus
Vorderrad
vorige (-n, ...)

Wir bilden neue Wörter

vor – aus, an, über

ver – pfeifen, zeihen, geben, pflichten, letzen

2. Bilde mit den zusammengesetzten Wörtern jeweils einen Satz. Die Verben haben zum Teil mehrere Bedeutungen. Finde sie heraus.

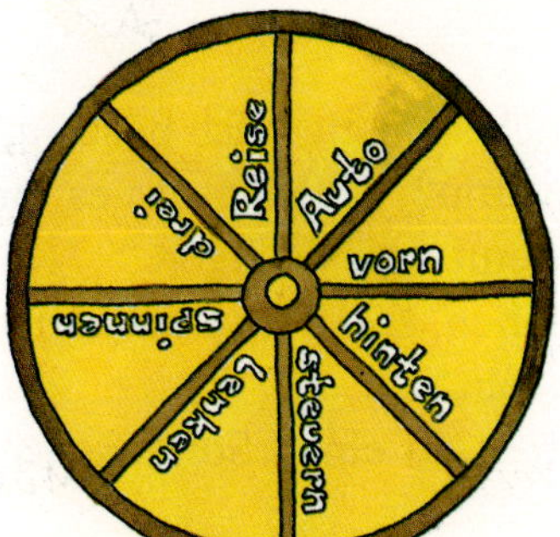

verschiedene Räder

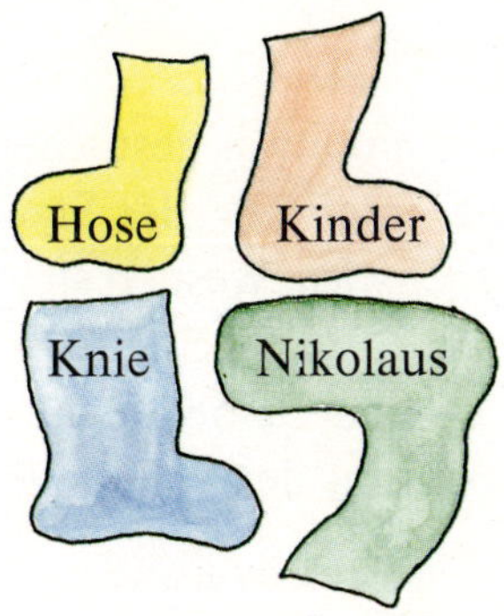

verschiedene Strümpfe

Das kleine Wörtchen vor und die Vorsilbe ver- schreiben wir mit v.

3. Schreibe auf, welche Räder und Strümpfe du erkennst.

Kampfhähne

Die Kinder spielen im Wald hinter der Felsenbühne. Ricardo ist frech. Er ärgert seinen kleinen Bruder, der gerade das Pfeifen übt. Es kommt zum Streit. Die Kinder kämpfen auf dem feuchten Felsen. Sie zeigen keine Furcht. Antonio verliert einen Knopf. Ricardo bekommt Schrammen am Knie ab. Keiner der Kampfhähne trägt den Sieg davon.

4. Übe zunächst alle Wörter mit pf, f und v.
5. Übe nun den Text mit deinem Partner, bis du ihn fehlerfrei schreiben kannst.

3 Wörter mit sp, st

Übungswörter:
Beispiel
Hauptstadt
spalten
Spiegel
Stab
Stadion
Start, starten
Staub, staubig
staunen,
stechen, der Stich
steigen, er stieg
Stempel, stempeln
stets
sticken
stolpern
Strauch
Strauß
Strecke, strecken
stricken
Stube
stützen

Substantive und Verben mit sp, st

1. *Lies alle Wörter von der Pinnwand. Wie sprechen wir sp und st? Kennst du ein Bundesland, in dem es anders gesprochen wird? Versuche die Wörter auch so zu lesen.*
2. *Trage alle Übungswörter von der Pinnwand in die folgende Tabelle ein.*

Substantive	Verben

Hauptstädte

Ricardo wohnt in Rom. Jan wohnt in Warschau. Gilbert wohnt in Paris. James wohnt in London. Ludo wohnt in Brüssel. Max wohnt in Berlin.

3. *Jedes dieser Kinder wohnt in einer Hauptstadt. Schlage in einem Atlas nach, in welchem Land die Kinder wohnen. Schreibe so:* Rom ist die Hauptstadt von …
4. *Finde noch drei Hauptstädte und die dazugehörigen Länder.*

Der Stich

Mirko hat etwas gestochen. Der Stich sieht ziemlich böse aus. Mutti fragt: „Ist der Stachel noch drin? Vielleicht ist es ein Wespenstich. Wespen stechen zu, wenn man sie ärgert."
Mirko: „Ein Stachel ist nicht zu sehen. Es könnte auch eine Bremse oder eine Mücke gewesen sein."
Da kommt der Vater: „Vielleicht hast du einen Sonnenstich, Mirko."

5. *Welche Tiere könnten Mirko gestochen haben? Schreibe so:* Mirko hat einen Wespenstich. Mirko …
Fallen dir noch weitere Insekten ein, die Mirko gestochen haben könnten. Schreibe auch diese Sätze auf.
6. *Beuge das Verb stechen in allen Personen der Einzahl (Singular) und Mehrzahl (Plural) im Präsens, Perfekt und Futur. Lege eine Tabelle an.*

Personen	Präsens	Perfekt	Futur
1. P. EZ			
2. P. EZ			
3. P. EZ			
1. P. MZ			
2. P. MZ			
3. P. MZ			

Wörter mit st, tz

Hier kannst du reimen

Abends schleicht auf leiser Tatze
zu dem Kirschbaum Nachbars …
Klettert flink hinauf bis fast
auf den allerhöchsten …
Denn bekanntlich fressen Katzen
außer Mäusen auch gern …
Vater Spatz piepst laut im Dustern
und beginnt sich aufzu…
Augen glühen, Krallen wetzen,
Vater Spatz hört's mit …
Doch die Spätzin (woll'n wir wetten?)
wird schon ihre Kinder …
Kämpft so lange um ihr …,
bis die Katz den Baum verläßt.

Mira Lobe

1. *Welche Wörter von der Baumscheibe gehören zu dem Gedicht?*
2. *Schreibe den Text vollständig auf.*
3. *In diesem Gedicht kommt häufig die Buchstabenverbindung **tz** vor.*
   *Schreibe die Wörter mit **tz** auf:* Tatze, …
4. *Suche nun die Wörter mit **st** heraus.*
   Schreibe sie auf: fast, …
5. *Schreibe die mehrsilbigen Wörter nach Silben getrennt auf. Denke an die Regeln.*
   lei - ser, Tat - ze, …

Übungswörter:
Ast
Hitze
Nest
Netz
retten
verletzen,
verletzten

Leider war das L unausgeschlafen

Leider war das L unausgeschlafen und zerstreut. Es setzte sich immer auf den falschen Platz in der Schulklasse. Der Lehrer sagte: „Du lachst die Schumaufgabeln zur Slafe doppert." Da kachten die Schüner, knarrten die Tür zu und riefen ganz schlenn nach Lause.

Anton Krilla

6. *Wecke das L auf, und setze es auf den richtigen Platz.*
7. *Versuche selbst einen solchen Text zu schreiben.*
   Leider war das M unausgeschlafen. Es war in Tinas Zimmer immer am falschen Platz …
8. *Welche beiden Buchstaben passen in alle Lücken?*
   Sa__, Pla__, Bli__, Hi__e, Mü__e, si__en, Pfü__e, Ne__, je__t, verle__en, se__en, le__ter.
   Schreibe die Wörter vollständig in dein Heft.

Trenne nie st,
denn es tut den beiden weh!
… höch-sten, …
Aber: Wachs-tuch,
Reis-tüte, …

3 Wörter mit ck, tz

Übungswörter:
blicken
entdecken
Glück, glücklich
nutzen, nützen,
nützlich
rücken
Schreck,
schrecken,
erschrecken
trotz, trotzdem,
trotzen

Mutter und Sohn bei der Arbeit

Gib mir bitte einen Nagel – Wo ist einer – Schau in der Dose dort nach – Welchen – Den da – Danke – Au – Schnell, ein Pflaster – Wo – Frag nicht so lang – Geh zu deinem Vater – Ich laufe ja schon – So ein Pech

1. *Frau Wagner und ihr Sohn sprechen miteinander. Einige Sätze sind kurz geraten. Schreibe das Gespräch auf. Verlängere die kurzen Sätze.*
   Setze die richtigen Satzzeichen (Anführungszeichen, Doppelpunkt, Punkt, Ausrufezeichen, Fragezeichen):
   Frau Wagner sagt: „Gib mir bitte einen Nagel!"
   „Wo ist einer?" fragt Stefan.

Trennregeln:
Aus **ck** wird oft **k-k:**
Ak - ker,
Aber:
back - te, Stück - gut, ...
Aus **tz** wird **t-z:**
Müt - ze, Sät - ze, ...
Aber: Sitz - platz

Wörter mit ck und tz

Katze, Glück, sitzen, Acker, Rücken, schmutzig, trocken, Pfütze, blicken, sitzt, setzen, entdecken, Satz, verletzt, Hitze, drücken, gucken, Stück, Schreck, Ecke, plötzlich, aufwecken, trotzdem, Jacke, Rock, packen, schmecken, Mütze, backen, putzen, schützen, nützen, schmecken, schrecklich, verstecken, Zucker, letzter, Platz

2. *Ordne die Wörter in eine Tabelle ein:*

ck	tz
Acker	Hitze

3. *Die Ka__e liegt am A__errand und schläft. Plö__lich wird sie durch Schritte aufgewe__t. Sie bekommt einen Schre__, gu__t hoch und entde__t den Bauern, der gerade seine Ja__e und die Mü__e ablegt. Er pa__t ein Stü__ Brot aus und läßt es sich schme__en. Die Ka__e verste__t sich. Sie si__t hinter einem Stein und schaut manchmal um die E__e ...*
   Schreibe den Text vollständig auf. Die Wörter aus Aufgabe 2 helfen dir.
4. *Herr Meier stürzte von der Leiter und fiel auf den ...*
   Er hatte großes ..., daß er sich dabei nicht ... Ergänze.
5. *Bilde dann selbst Lückensätze, in denen* ***ck-*** *und* ***tz-****Wörter zu ergänzen sind. Dein Nachbar rät und schreibt die Sätze auf.*
6. *Ein Bilderrätsel: Die Anfangsbuchstaben der Wörter ergeben das Lösungswort.*

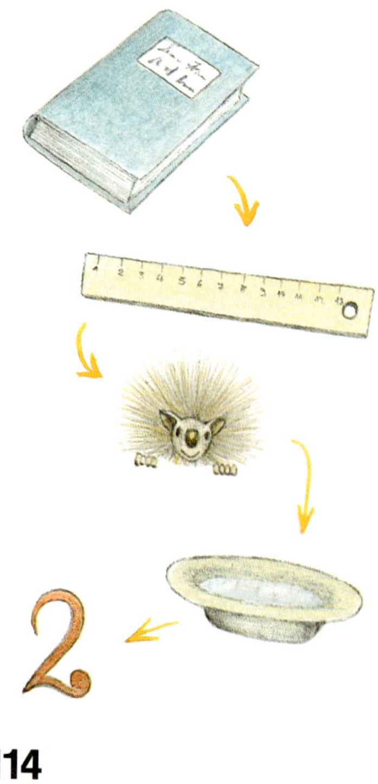

Aus dem Kinderlexikon

der **Hai** – ein Raubfisch
der **Hain** – ein kleiner Wald
der **Kai** – gemauertes Ufer oder Uferstraße
der **Kaiser** – Herrscher über Könige und Fürsten
der **Laib** – geformtes Brot, geformter Käse
der **Laich** – Eier von Wassertieren
der **Mai** – Monatsname
der **Main** – Flußname
Mainz – Stadtname
der **Mais** – Getreidepflanze
die **Saite** – gespannter Faden auf Instrumenten
die **Waise** – Kind ohne Vater und Mutter

1. Ergänze die folgenden Wörter mit den Lexikonwörtern von oben. Schreibe sie auf:
der -käfer, der -baum, der Frosch-, das -mehl, das -feld, der -kolben, der Brot-, das -kind, das -haus, das -reich, das -instrument, die -mündung, die -mauer, die -buche

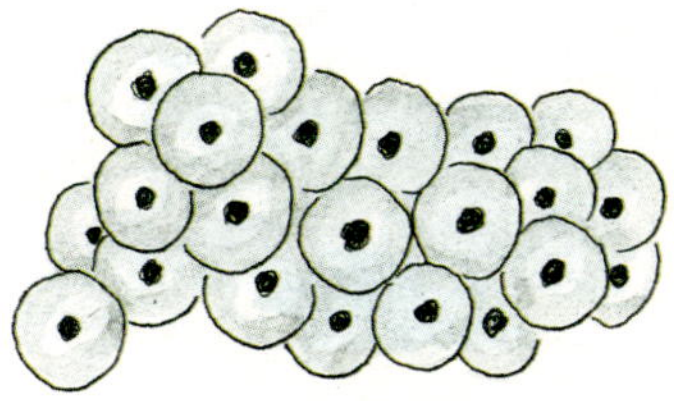

2. Suche weitere Wörter, die mit ***ai*** *geschrieben werden.*
3. Schau dir das Silbenrätsel links an: Findest du alle neun Substantive? Woran erkennst du die erste Silbe? Suche dann die zweite Silbe, und schreibe so:
Kai - ser, Mai - ...

ser	*Mai*	*ben*	*Mais*
Kai	*glöck*	*kol*	*Brot*
chen	*Bir*	*laib*	*Vio*
ken	*hain*	*Hai*	*lin*
fisch	*te*	*sen*	*Frosch*
haus	*sai*	*Wai*	*laich*

Wörter mit ng

Finger, Ahnung, anfangen, bringen, eng, jung, Menge, langsam, Ring, singen, Wohnung, klingeln, hängen, Entschuldigung, Belohnung, Ding, streng, verlangen, Angst, Zeitung, allerdings, Frühling, anstrengen, Camping, Hunger, langweilig, gesprungen, springen, Ängste, gefangen, Meinung, singt, hing

4. Ordne die Wörter nach Substantiven, Verben und Adjektiven. Lege eine Tabelle an.
5. Suche die Wörter im Wörterbuch.

Wörter mit z

stürzen, pflanzen, Tanz, Pflanze, tanzen, getanzt, Holz, März, kürzer, Schwanz, gestürzt, stolz, ganz, Filzschreiber, Polizist, Herz, einzige, kurz, schwarz, holzig, Sturz, salzen, herzlich, Salz, umpflanzen, heizen, salzig, Heizung, einzeln, Arzt, Benzin, spazieren

6. Schreibe die Reimwörter auf: schmerzen - Kerzen, ...
7. Welche Wörter haben keinen Reimpartner? Schreibe sie auf.
8. Kennst du den Merkvers zu ***l, n, r*** *noch? Schreibe ihn in dein Heft.*

3 Wörter mit ak, ek, ik, lk, nk, rk

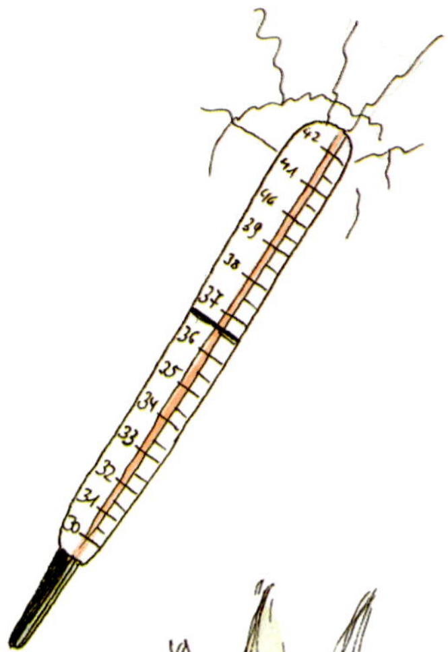

Mir war pudelwohl

Letzten Sonntag kamen wir alle mit nassen Füßen und feuchten Kleidern nach Hause. Als mein Bruder nach dem Abendessen einen heißen Kopf hatte steckte ihn meine Mutter ins Bett. Sie sah ihm an daß er Fieber hatte. Er bekam eine Tasse Lindenblütentee weil er schwitzen sollte.

Am anderen Morgen klagte meine Schwester über Halsweh. Als dann mein Vater heftige Kopfschmerzen bekam telefonierten wir mit dem Hausarzt. Er kam und verschrieb allen die gleiche Medizin.

Meine Mutter pflegte die Kranken. Ich ging mit dem Rezept in die Apotheke und holte die Tropfen und die Tabletten. Meine Mutter und ich wurden nicht krank und fühlten uns pudelwohl.

1. *Wo müssen in den Sätzen mit „als", „daß" und „weil" Kommas stehen?*
2. *Schreibe den Text ab. Setze die fehlenden Kommas ein.*
3. *Übungsdiktat mit Verbesserung.*

Wörter mit k

Marke, merken, links, Markt, gemerkt, trinken, wirken, getrunken, wirklich, Wolke, trinkt, krank, Mark, Bank, Schrank, Krankheit, denken, gezankt, Gedanken, Quark, Anorak, Fabrik, stark, zanken, erschrak, nachdenken, dunkel, Geschenk, wolkig, Paket, Punkt, dunkelblau, Onkel, schenken, praktisch, linke, Plakat, Keks, Park

4. *Ordne die Wörter in einer Liste:*
   Wörter mit lk: Wolke, ...
   Wörter mit nk: links, ...
   Wörter mit rk: Marke, ...
   Wörter mit ak: ...
   Wörter mit ek: ...
   Wörter mit ik: ...
5. *Ein Rätsel mit **k**-Wörtern:*
   Geldstück: M ... *Gegenteil von rechts:* ...
   Gegenteil von schwach: ... *Gegenteil von gesund:* ...
   Möbelstück zum Aufbewahren von Kleidern: Sch ...
6. *Suche im Wörterbuch noch mehr Wörter für deine Liste.*
7. *Erfinde auch solche Rätsel mit **k**-Wörtern. Laß deinen Nachbarn raten.*

Übungswörter:
Fabrik
Markt
Paket

Wörter mit lk, nk, rk, lz, nz, rz

3

Nach l, n, r, das merke ja,
steht **nie tz** und **nie ck**!

Weiter merke dir genau:
nur **z** und **k nach ei** und **au.**

Gleiche Buchstaben

a) kurz, schwarz, März, Arzt, stürzen, kürzer, Sturz
b) Salz, stolz, Holz, Filzschreiber, hölzern, salzen
c) tanzen, pflanzen, ganz, Schwanz, Pflanze, einzeln

1. *Welche beiden Buchstaben sind bei allen Wörtern der Reihe a) gleich? Schreibe die Wörter ab. Kreise diese Buchstaben ein. Welche beiden Buchstaben haben alle Wörter der Reihe b), welche Wörter der Reihe c)? Arbeite wie bei a).*
2. *Suche noch mehr Wörter mit den Buchstaben* ***lz, nz*** *und* ***rz****.*

Ergänzungsrätsel

a) 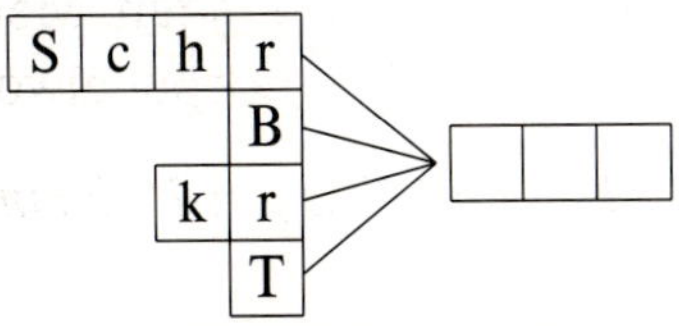

b) 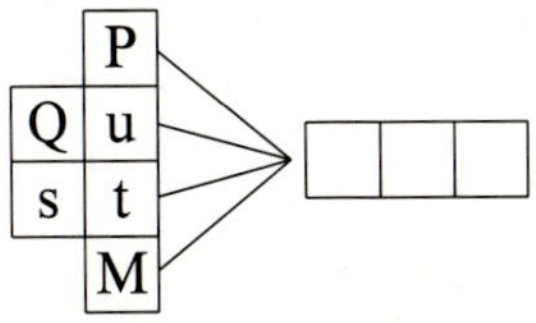

3. *Welche Buchstaben passen bei a) in die freien Kästchen? Welche sind es bei b)?*
4. *Schreibe die Wörter vollständig auf. Kreise die Mitlaute (Konsonanten) ein, die du bei a) ergänzt hast. Ebenso machst du es bei b).*

Übungswörter:
Arzt
Balken
einzeln
Geschenk
Park
wirken
wirklich
zanken
Zirkel

Purzelwörter

Wolke, Marke, links, merken, trinken, geschenkt, zanken, Zirkel, Krankenhaus, wirklich, wirken, winken, Geschenk, gemerkt, Balkon, Park, denken, dunkel, Onkel, Punkt, wolkig, trank, danken, Balken, parken

5. *Schreibe acht der Wörter als Purzelwörter auf: Dein Nachbar rät und schreibt die Wörter richtig dazu.*

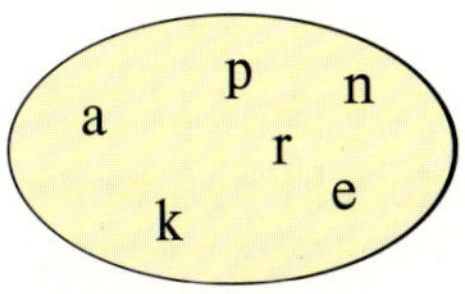

6. *Nun schreibt dein Nachbar acht andere Wörter als Purzelwörter. Du schreibst die Wörter richtig dazu.*
7. *Ordne die Wörter. Schreibe sie auf.*
   Wörter mit -lk-: Wolke, . . .
   -nk-: . . .
   -rk-: . .

Suchrätsel

8. *Sieben Wörter verstecken sich waagerecht und senkrecht in dem Buchstabenblock. Schreibe sie auf.*

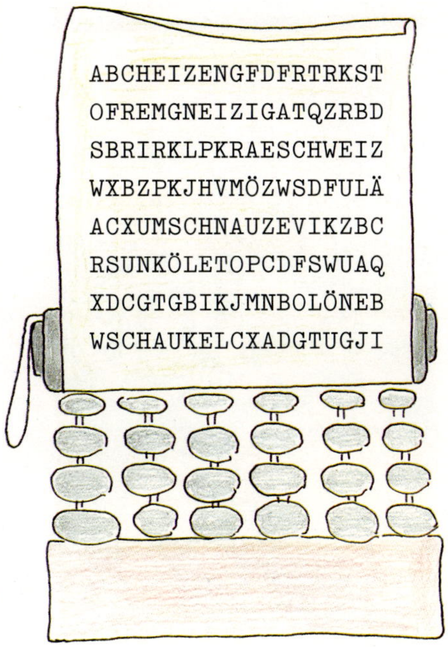

3 Wörter mit lz, nz, rz

Übungswörter:
ergänzen
Grenze
Kranz
schmelzen
Schmerz, schmerzen
stolz
stürzen

1. *Lege eine Tabelle an und trage die Wörter von der Pinnwand ein.*

lz	nz	rz

2. *die Grenze, das Holz, der Kranz, das Kreuz, die Münze, das Herz, der Winzer, die Walze, der Ranzen, der Pelz*
Bilde von diesen Substantiven auch die Mehrzahlform (Pluralform). Schreibe so: die Grenze – die Grenzen
3. *ergänzen, kreuzen, schmerzen, stürzen, schmelzen*
Bilde mit diesen Verben Substantive.
Schreibe so: ergänzen – die ...
Bilde mit den Substantiven je einen Satz.

Überlege beim Schreiben:
Woher kommt das Wort?
erlebt ← leben

Überlege beim Schreiben:
Was wird aus dem Wort?
der Korb → die Körbe
Verlängern hilft!

Wenn b wie p klingt

er le**b**t ← leben		du he**b**st → heben	
du ☐ ← schie**b**en		sie schrei**b**t → ☐	
ihr ☐ ← ge**b**en		es stir**b**t → ☐	
er ☐ ← lie**b**en		ihr lo**b**t → ☐	

der Kor**b** → die Körbe	der Betrie**b** → ☐
der Stau**b** → staubig, stauben	der Sta**b** → ☐
der Urlau**b** → der ☐ er	trü**b** → ☐
hal**b** → eine ☐ Stunde	lie**b** → ☐

4. *Schreibe ab und ergänze. Unterstreiche jeweils das b.*

Wenn g wie k klingt, und wenn d wie t klingt

Berg, Burg, fertig, lügt, Hund, traurig, Abend, sagt, Wald, fliegt, bald, schlägst, Freund, Hemd, vorsichtig, billig, Pferd, Land, zeigt, schwierig, stand, Tag, Weg, Kleid, Lied, lustig, tausend, Krieg, Pfennig, Sand, Feld, Zug, artig, fand, Mittag, mutig, ruhig, wild, erfand, hungrig, irgend, wenig, Hand, Feind, wichtig, lebendig, Rand

5. *Überlege beim Schreiben, höre die Wörter ab. Schreibe so:*
der Berg – die Berge, ..., lügt – lügen, ...
6. *Suche im Wörterbuch noch je fünf Wörter mit* **d** *oder* **g** *am Wortende.*

Wörter mit ng, g

3

Der Maikäfer

Der Maikäfer lebt nur etwa vier bis sechs Wochen lang als Käfer. Das Weibchen legt Ende Mai oder Anfang Juni bis zu achtzig Eier ____ ____ Erde. Es dauert vier bis sechs Wochen, bis ____ ____ Eiern die Larven des Maikäfers schlüpfen. Das sind die hungrigen Engerlinge. Sie leben ____ ____ Erde und ernähren sich ____ ____ Wurzeln der Pflanzen. Von Jahr zu Jahr bewegen sie sich tiefer ____ ____ Erdreich, dabei wachsen sie ständig. Fast drei Jahre lang leben sie ____ ____ Erdoberfläche, bis sie sich einpuppen. Im Herbst entsteht ____ ____ Hülle der fertige Käfer. Sobald es Frühling wird, klettern sie ____ ____ Erde ____ ____ Licht und fliegen davon.

an das
in das
in der
aus den
von den
in die
unter der
in der
aus der

1. *Ergänze die fehlenden Wörter. Schreibe den Text ab.*
2. *Übe diese schwierigen Wörter besonders gut: Maikäfer, Weibchen, Larven, Engerlinge, Wurzeln, achtzig, schlüpfen, ständig, Erdoberfläche, einpuppen, Hülle, ernähren.*
3. *Welche Wörter mit* ***ng*** *findest du im Text? Schreibe sie auf. Kreise* ***ng*** *ein.*
4. *Laß dir den Text diktieren.*

Übungswörter:
Ärger, ärgern
biegen
Erde
ernähren
Hülle
Lüge, lügen
wiegen
Wurzel

Wörter mit g

biegen	du biegst	er biegt	er bog
…	du fliegst	…	…
schlagen	…	er schlägt	…
…	du trägst	…	…
…	…	…	er schwieg
legen	…	…	…
mögen	…	…	…

5. *Suche Überschriften für die Spalten der Tabelle.*
6. *Welche Wörter fehlen? Schreibe alle fehlenden Formen der Verben auf.*
7. *Auf dem Rand sind noch mehr Verben (Zeitwörter) mit* ***g****. Schreibe sie in den gleichen Formen auf wie die Verben in der Tabelle.*
8. *Welche der Verben aus der Tabelle und vom Rand reimen sich in der Nennform (Infinitiv)? Schreibe so auf: biegen – fliegen – …, …*

sagen
fragen
lügen
zeigen
liegen
kriegen
ärgern
wiegen

3 Wörter mit ng, nk

Übungswörter:
Angst, ängstlich
anstrengen
Finger
gelingen
Hunger
klingen
lenken
Prüfung
ringen
senken
sinken
singen
sprengen
zwingen

Reimwörter

senken	Richtung	ringen	Finger
d______	D______	s______	R______
l______	L______	zw______	Spr______

1. Bilde Reimwörter.

Die Arbeit

Heute muß sich Tina besonders anstrengen. Beim Frühstück hat sie keinen Hunger. Nach dem Klingeln singen die Kinder ein Lied. Tina zwingt sich zur Ruhe. Sie hat Angst vor der Arbeit und denkt: „Hoffentlich gelingt es mir, eine gute Note zu schaffen." Ihre Nachbarin singt leise vor sich hin. Aber Tina liest die Aufgaben genau und läßt sich nicht ablenken.

2. Schreibe alle Wörter mit ng und nk aus dem Text auf.
3. Übe nun die Sätze, in denen diese Wörter vorkommen, so lange, bis du sie fehlerfrei schreiben kannst.

Wörter mit ng und nk werden so nach Silben getrennt:
ängst - lich
an - stren - gen
len - ken
aber: er lenk - te

Angst, ängstlich

4. Wovor hast du Angst? Schreibe drei Sätze auf.
5. Wer kann ängstlich sein? Bilde fünf Wortgruppen. Schreibe so: der ängstliche ..., ein ...

Die Nachsilbe (Suffix) -ung

lenken, schwenken, ordnen, anstrengen, heizen, senken, sprengen, verrenken, schenken, prüfen, heizen

6. Ordne die Wörter nach dem Alphabet.
7. Bilde aus diesen Verben Substantive. Verwende die Nachsilbe (Suffix) -ung. Schreibe so: lenken - die Lenkung

Wortfamilie

die Lenkung, springen, der Sänger, er sprang, der Gesang, das Gelenk, das Lenkrad, klingen, der Sprung, der Klangkörper, der Lenker, die Klingel, es hat geklungen, das Springseil, singen, wir haben gesungen

8. Bilde Wortfamilien.
9. Trenne die Wörter nach Silben.

Wörter mit ch, sch

3

Kennst du die richtige Schreibweise?

1. Schreibe die Wortbedeutung der Bilder auf.

Kirschenzeit – Erntezeit

Im Kir__baum rau__en die Blätter
Lö__en Kir__en den Durst
Mutter sagt Überra__e deine Oma mit einem Korb Kir__en
Ich pflücke die Kir__en ab
Rei__e mir bitte den Korb

2. Vervollständige den Text. Überprüfe die eingesetzten Wörter mit den Wörtern von der Pinnwand. Achte auf die fehlenden Satzzeichen.

3. Kennt ihr schon den Klassenbesten im Kirschkernspucken? Sieger ist, wer die Kirschkerne am weitesten spucken kann.

Gebeugte Verbformen

4. Schreibe ab und ergänze:

löschen	löschte	gelöscht
rauschen	...	...
reichen	...	...
rutschen	...	...
tauschen	...	...
zischen	...	...

Übungswörter:
Kirsche
löschen
rauschen
reich, reichen
rutschen
Schicht
Sicht
tauschen
überraschen
zischen

Der Wortstamm reich-

der reichlich gedeckte Tisch, der Reichtum, der Reiche, das Essen durchreichen, es hat gereicht, arm und reich, die Durchreiche in der Küche, die Hand reichen, in Reichweite sein, es reicht aus, ein reichhaltiges Angebot, im Reich der Könige

5. Der Wortstamm reich- steckt in verschiedenen Wortarten. Finde sie heraus. Schreibe so: reichlich – Adjektiv
Reichtum – ...
Unterstreiche jeweils den Wortstamm.

Reimwortpaare

tauschen, reichen, zischen, streichen, rauschen, Sicht, fischen, Schicht

6. Bilde Reimwortpaare.

7. Denke dir weitere Paare aus, die ein ck oder sch enthalten.

3 Am Wortende und vor t steht nie ss

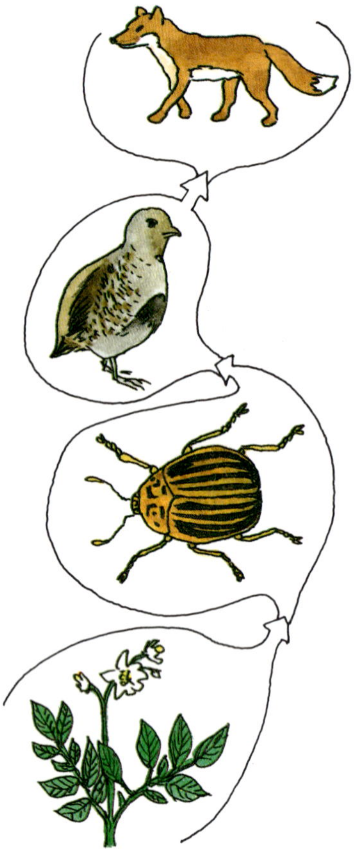

Fressen und gefressen werden

1. *Schau dir die Bilder auf dem Rand an.*
   Wer frißt wen? Wer frißt was?
   Schreibe Sätze auf:
   Der Fuchs frißt das Rebhuhn.
2. *Schreibe die Reimwörter auf:*
   beißen, vergaß, weiß, heißt, gießt, schließen, Grüße, fließt, Füße, saß, heiß, beißt, heißen, fließen.

ss steht nie am **Wortende** und **vor t**.

Wörter mit ss und Wörter mit ß

3. *Verben verändern sich: müssen, lassen, essen, vergessen, passen, messen, fassen, ißt, fressen, wissen, laß, iß, muß, paß, miß, vergiß, friß, faßt, weiß, faß, mußt, läßt, wißt, frißt, vergißt, mißt, paßt. Ordne so:*
   Nennform (Infinitiv): müssen, ...
   ß vor t: mußt, ...
   ß am Wortende: muß, ...
4. *Sprich deutlich, höre genau: stoßen, wußte, muß, grüßen, goß, frißt, Füße, Fluß, Grüße, Schluß, naß, mußte, Schloß, vergißt, Straße, paßt, paß auf. Ordne so:*
   ß nach langem Selbstlaut (Vokal): stoßen
   ß vor t: ...
   ß am Wortende: ...
5. *Ordne nach Einzahl (Singular) und Mehrzahl (Plural): Gruß, Schloß, Fuß, Fluß, Kuß, Straße, Spaß, Schluß, Küsse, Schlüsse, Füße, Flüsse, Grüße, Schlösser, Späße, Straßen. Sprich deutlich, höre genau: der Gruß – die Grüße, ...*
6. *Ordne die Wörter aus Aufgabe 5 so:*
   langer Selbstlaut (Vokal), Einzahl (Singular) ß:
   der Fraß, ...
   langer Selbstlaut (Vokal), Mehrzahl (Plural) ß:
   die Größe, ...
   kurzer Selbstlaut (Vokal), Einzahl (Singular) ß:
   das Schloß, ...
   kurzer Selbstlaut (Vokal), Mehrzahl (Plural) ss:
   die Schlösser, ...
7. *Ergänze* **ss** *oder* ***ß****? Schreibe die Wörter vollständig auf:*
   mu__te, a__, Ku__, Fü__e, fra__, lie__, fa__te, gege__en, gepa__t, verga__, Stra__e, Flu__, Schlö__er, wu__te, Stra__en, Fu__, Kü__e, Flü__e, Schlo__.

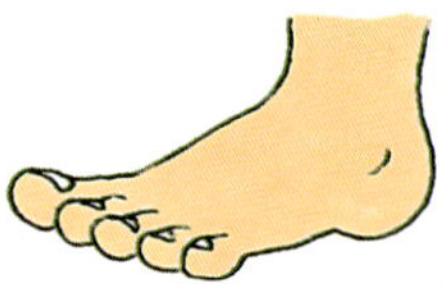

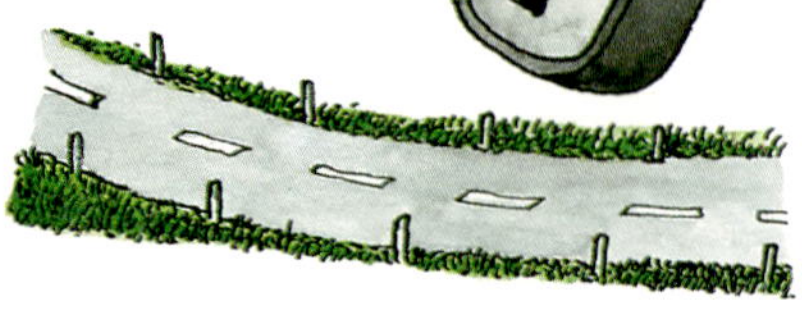

Eierlaufen

Jeder Spieler legt ein Osterei auf einen Suppenlöffel. Dann laufen alle um die Wette. Die Spieler müssen aufpassen, daß sie das Ei nicht fallen lassen. Wer das Ziel zuerst erreicht, ohne das Ei verloren oder zerschlagen zu haben, ist Sieger. Spannender wird das Spiel, wenn man statt des großen Löffels einen Kaffeelöffel nimmt.

1. *Suche die Wörter mit* ***ss*** *heraus.*
2. *Übertrage die Tabelle in dein Heft. Ergänze sie:*

ich	*muß*		
du		*läßt*	
er, sie, es			*paßt auf*
wir		*lassen*	
ihr	*müßt*		
sie			

3. *Lege auch eine Tabelle für diese Wörter an:*
   essen, messen, wissen.
4. *Schreibe die Verben im Präteritum auf:*
   ich mußte, du mußtest, er ...
   ich ließ, ...
5. *Bilde kurze Aufforderungssätze in der Einzahl (Singular) und in der Mehrzahl (Plural):*
   Laß das Ei nicht fallen! Laßt die ...

In der Mehrzahlform (Pluralform) wird ß zu ss:
das Faß - die Fässer

Eierschlagen

Jeder Mitspieler erhält ein hartgekochtes Ei. Zwei Spieler schlagen nun die Spitzen ihrer Eier gegeneinander. Der Spieler, dessen Ei eingedrückt wird, hat verloren. Der Gewinner spielt gegen den nächsten. Wer zum Schluß ein unversehrtes Ei hat, hat gewonnen.

6. *Wie heißt in der Geschichte das Substantiv mit* ***ß****?*
   Schreibe es in der Mehrzahl (Plural) auf:
7. *Schreibe auch in der Mehrzahl (Plural):*
   der Schuß, das Schloß, der Paß, der Riß, der Kuß, die Nuß.
   der Schuß - die Schüsse, ...
8. *Schreibe diese Wörter in der Einzahl (Singular) und in der Mehrzahl (Plural) auf:*
   die Flüsse, die Küsse, die Bisse, die Fässer, die Güsse.

Übungswörter:
Faß – Fässer
Fluß – Flüsse
Nuß – Nüsse
Schuß – Schüsse
Schloß – Schlösser
Schluß – Schlüsse

Schloßtür – Türschloß

Schloßtür, Kaffeebohnen, Schrankschlüssel, Kartenspiel, Eckhaus, Obstschalen, Stuhllehne, Gartenblume, Salatkartoffeln, Flaschenmilch

1. *Was bedeuten die Substantive? Schreibe Sätze auf:*
   Eine Schloßtür ist die Tür in einem Schloß. ...
2. *Drehe die Wörter um: die Schloßtür – das Türschloß, ...*
3. *Was bedeuten diese Wörter? Ein Türschloß ist ...*
4. *Suche weitere zusammengesetzte Wörter, die sich so umdrehen lassen.*

Übungswörter:
bloß
fließen, floß,
geflossen, flüssig
gießen, goß,
gegossen
schießen, schoß,
geschossen
schließen, schloß,
geschlossen
Spaß

Wörter mit ß

Fuß, Gruß, süß, Spaß, Straße, Füße, Grüße, schießen, Süßspeise, fließen, goß, Fußball, Fluß, fraß, grüßen, versüßen, Straßenbahn, gefräßig, Stoß, groß, weiß, schloß, außer, gestoßen, frißt, stoßen, Größe, Weißbrot, schließen, schneeweiß, saß, vergrößern, schließlich, beißen, gießen, außerdem, heiß, floß, Beißzange, Gießkanne, außerhalb, heißer, bloß, bißchen, gießt, vergaß, schoß

5. *Stelle die verwandten Wörter zusammen. Schreibe sie auf:*
   der Fuß – die Füße – der Fußball,
   der Gruß – die Grüße – grüßen, ...
6. *Welche vier Wörter bleiben allein stehen?*
7. *Schreibe Aufforderungssätze mit diesen Wörtern auf:*
   grüßen, gießen, schließen, stoßen, beißen, vergessen, messen.
   Grüße deinen Freund von mir!
8. *Schlage zwei Verben und zwei Substantive im Wörterbuch nach. Schreibe den Wörterbucheintrag ab.*
9. *Suche im Wörterbuch noch zehn Wörter mit* ***ss*** *und* ***ß****.*
   Trage sie in eine Tabelle ein.

Wenn du ein Wort verlängerst, kannst du erkennen, daß ß zwischen einem langen und einem kurzen Selbstlaut (Vokal) steht: *die Füße – der Fuß.*

Aus ss zwischen zwei kurzen Selbstlauten (Vokalen) wird in der verkürzten Form ß: *fressen – er fraß, er frißt.*

Wörter mit z

Holz, schwarz, Tanz, Salz, Schwanz, Herz, stolz, pflanzen, ganz, März, Filzschreiber, kurz, tanzen, Pilz, Scherz, stürzen

10. *Ordne die Wörter:*
    Wörter mit lz: ...
    Wörter mit nz: ...
    Wörter mit rz: ...
11. *Suche Wörter mit* ***lk, nk, rk****. Schreibe sie auf.*

Wörter mit chs, ks, x

3

Wortfamilien

wachsen, Geld wechseln, boxen, das Wachs, der Boxkampf, das Wachstum, der Wechsel, geboxt, gewachsen, die Wechselstube, die Boxhandschuhe, gewechselt

1. *Lies die Wörter der Übung und die Wörter von der Pinnwand. Welchen Laut hörst du in jedem Wortstamm?*
2. *Bilde Wortfamilien. Unterstreiche die Wortstämme.*

Übungswörter:
Achse
Axt
boxen, Boxer
Büchse
Fuchs
Keks
Text
wachsen
wechseln

Zusammengesetzte Substantive

Achse – Bruch, Auto, Erde

Fuchs – Bau, Schwanz, Jagd

Keks – Dose, Riegel, Schokolade

Text – Gestaltung, Lied, Stelle

3. *Bilde zusammengesetzte Substantive. Schreibe sie mit ihrem bestimmten Artikel auf.*

Reineke Fuchs

Füchse sind sehr schlau, scheu und vorsichtig. Sie haben ein rotbraunes Fell, spitze Ohren, eine spitze Schnauze und einen langen buschigen Schwanz. Füchse lassen sich nur selten blicken. Wenn ein Fuchs auf die Jagd geht, hört er das leiseste Geräusch. Der Fuchs frißt gern Mäuse, Käfer, Frösche und Obst. Er wohnt in einem unterirdischen Bau.

4. *Partnerdiktat.*

Unvorbereitete Diktate schreibst du so:
- Text diktieren lassen,
- Diktat mit dem Buch vergleichen,
- Partner prüfen lassen,
- Fehlerwörter üben und ins Wörterheft schreiben,
- immer wieder üben.

Reimwörter

Sand, Wald, Pferd, Kind, Abend, Lied, wild, anstrengend, bald, Hemd, Freund, Wind, fremd, Gegend, Wand, Hand, Land, Hund, Mund, Fahrrad, Bescheid, blind, gesund, rund

5. *Welche Wörter reimen sich?* Sand - Wand - ...
   Welche bleiben übrig?
6. *Verlängere die Wörter:* der Sand - sandig, ...
7. *Setze Adjektive zu den Substantiven:* der feine Sand, ...
8. *Setze Substantive zu den Adjektiven:* der blinde Mann, ...

Wörterverzeichnis 4. Schuljahr

A, a

ab
der **Abend**, die Abende, am Abend, eines Abends, das Abendessen, heute abend, **abends**
aber
die **Achse**, die Achsen
acht, achtmal, achtzehn, **achtzig**, ein Achtel, die Achtelnote
achten, achtgeben, achtlos, achtsam, die Achtung
ahnen, ahnungslos, die Ahnung
ähnlich
alle
allein
als, also
alt
am, an
and(e)re (-r, . . .)
der Anfang, anfangen
die **Angst**, die Ängste, ängstigen, **ängstlich**
anlehnen, die Anlehnung
anstrengen, anstrengend, die Anstrengung
die **Antwort**, die Antworten, **antworten**
der Apfel
der April
die Arbeit, der Arbeiter, arbeiten
der **Ärger, ärgern**, ärgerlich
die **Art**, die Arten, die Art und Weise, **artige**
der **Arzt**, die Ärzte, die Ärztin, die Ärztinnen, die Arznei, ärztlich, verarzten
der **Ast**, die Äste
auch
auf
die Aufgabe
aufpassen
der August
aus
auseinander, auseinandergehen
außen
außer, außerdem, außerhalb
der **Ausweis**, die Ausweise
das Auto
die **Axt**, die Äxte

B, b

backen
das Bad, baden
der **Bagger**, die Bagger, baggern
die Bahn
bald
der **Balken**, die Balken
der Ball
das Band
die Bank
der **Bär**, die Bären, das Bärenfell
basteln
bauen
der Bauer
der Baum
das **Becken**, die Becken
bedeuten, bedeutend die Bedeutung
die Beere
begegnen, die Begegnung
beginnen, du beginnst, er/sie begann, wir haben begonnen, der Beginn
bei
beide
das Bein
beinahe
das **Beispiel**, die Beispiele
beißen, er biß
beleidigen, die Beleidigung
bellen
belohnen, die Belohnung
beobachten
bequem, die Bequemlichkeit
bereit

bereiten
bereits
der Berg
der Bericht, berichten,
die Berichtigung
der **Beruf**, die Berufe,
beruflich, berufstätig
besichtigen,
die Besichtigung
besonders
besser, beste, am besten
bestimmen, bestimmt
der Besuch, besuchen
betrachten,
die Betrachtung
der Betrieb
das **Bett**, die Betten,
bettlägerig
betteln, der Bettler,
die Bettlerin, die Bettelei
beugen
bewegen
beweisen, der Beweis
biegen, du biegst, er bog,
wir haben gebogen,
biegsam, die Biegung,
der **Bogen**
bilden, die Bildung
billig
ich bin (sein), du bist,
wir sind, ihr **seid**
binden
die Birne

bis
bitten
bitter
blasen, du bläst, **er blies**,
wir haben geblasen
das Blatt
blau
bleiben, er blieb
blicken, der Blick
der Blitz, blitzen
der **Block**
bloß
blühen
die Blume
die Blüte
der **Boden**, die Böden
bohren, der Bohrer
das Boot
böse
boxen, der **Boxer**
brauchen
braun
breit
die **Bremse, bremsen**
brennen
das **Brett**, die Bretter
der Brief
die **Brille**, die Brillen
bringen, er brachte
das Brot
die Brücke

der Bruder
brummen
die **Brust**, die Brüste,
sich brüsten
das Buch
die **Büchse**, die Büchsen
bücken
die **Bühne**, die Bühnen
bummeln, der Bummel,
die Bummelei
bunt
die **Burg**, die Burgen,
die Burgruine
die **Bürste, bürsten**
der Bus
die Butter

C, c

der **Chor**, die Chöre

D, d

da, dabei
Dach
damals
der **Damm**, die Dämme,
eindämmen
der **Dampf**, die Dämpfe,
der Dampfer, dämpfen

Wörterverzeichnis 4. Schuljahr

danken
dann
daran, darauf, **daraus,**
darin, darüber, darum,
darunter
das
dauern
decken
dehnen, dehnbar
deine
dem
denken, er dachte
denn
des
dessen
deutlich, deuten,
die Deutung
Deutsch
der Dezember
dich
dicht
dick
dienen, dienstlich,
der **Dienst**
der Dienstag
dies
dir
doch
donnern
der Donnerstag
doppelt, verdoppeln,
doppelt soviel, der
Doppelpunkt
drängeln, die Drängelei,
drängen
draußen
drehen
drei, **dreißig, dreizehn**
drohen, drohend,
die Drohung
drüben, drüber, drüber-
fahren, drübergehen
drücken
du
dumm, die Dummheit,
der Dummkopf
dunkel
dünn
durch
dürfen
dürr, die Dürre
der **Durst**, durstig

E, e

die Ecke
ehe
die **Ehre**, die Ehren, ehren,
ehrlich
eifrig, der Eifer, eifer-
süchtig
eigene, eigen, eigen-
artig, die Eigenschaft,
das **Eigentum**
eigentlich
eilen, eilig, die Eile,
der Eilzug
ein
einander
einfach
einig
einige
einmal
einzeln, die Einzelheit
das Eis
die Eltern
empfangen, der Empfang,
der Empfänger, die
Empfängerin, die
Empfangsbescheinigung
das **Ende**, die Enden, enden,
endgültig, endlos,
die Endstation
endlich
eng
entdecken, die Entdek-
kung, der Entdecker,
die Entdeckerin
die **Ente**, der Enterich,
die Enten
entgegen, entgegen-
gesetzt

entlang, entlangfahren, entlanggehen
er
die **Erde**, das Erdbeben, die Erdbeere, das Erdgeschoß, das Erdöl
ergänzen, die Ergänzung
erholen, die Erholung
erinnern, die Erinnerung
ernähren, die Ernährung, der Ernährungsberater, die Ernährungsberaterin
ernst, ernsthaft, der Ernst
die Ernte, ernten
erschrecken, du erschrickst, er **erschrak**, wir haben uns erschrocken, der Schreck
erste
erzählen
essen, er ißt, gegessen
etwa
etwas
euch

F, f

die **Fabrik**, die Fabriken, der Fabrikant, die Fabrikantin, fabrikneu
die Fahne
fahren, der Fahrer, das Fahrrad, die Fahrt
fallen, er fiel
fangen
die **Familie**, die Familien, der Familienname
die **Farbe**, die Farben, der Farbfernseher, der Farbfilm, färben
das **Faß**, die **Fässer**
fassen
fast (beinahe)
der Februar
der Fehler
die Feier
fein
das **Fell**, die Felle
der **Felsen** (auch: der Fels), die Felsen, die Felswand, felsenfest
das Fenster
die Ferien
fertig
das Fest, fest (Adjektiv)
das Fett, fett (Adjektiv)
feucht, die Feuchtigkeit
das Feuer
finden
der **Finger**, die Finger, der Fingerhut, der Fingernagel
der Fisch
flach, die **Fläche**, das Flachland
die **Flamme**, die Flammen
die Flasche
flattern
das Fleisch
der Fleiß, fleißig
flicken, der Flicken, die Flickerei
fliegen
fliehen, du fliehst, er floh, wir sind geflohen, die Flucht
fließen, er fließt, er **floß**, er ist **geflossen**, der **Fluß**, die **Flüsse**, **flüssig**
das Flugzeug
der **Flur**, die Flure, der Hausflur
fort
fragen
die Frau
frech, die Frechheit
frei
der Freitag
fremd, der Fremde, die Fremde, die Fremdsprache
fressen, er **frißt**, er **fraß**, er hat gefressen, der Fraß

Trage die dazugehörigen Verbformen von dieser Seite in die Tabelle ein:

Nennform (Infinitiv)	Präteritum	Plusquamperfekt
fließen		
fliehen		
fressen		

freuen
freundlich
der Frieden
frieren
frisch
froh
fröhlich
früh
der Frühling
der **Fuchs**, die Füchse, der Fuchsbau
fühlen, der Fühler
führen, die Führung, der Bergführer, die Bergführerin, der Führerschein
füllen, der Füller, die Füllung
fünf, fünfundzwanzig, fünfzehn, fünfzig, der Fünfer
für
die **Furcht**, **fürchten**, furchtbar, fürchterlich, furchtlos, furchtsam
der Fuß
das Futter, füttern

G, g

die Gans
ganz
gar, **gar nicht**
der Garten
die **Gasse**, die Gassen
der **Gast**, die Gäste, das Gasthaus, die Gaststätte, gastlich
das **Gebäude**, die Gebäude
geben
der Geburtstag, **geboren**
die **Gefahr**, die Gefahren, gefährden, **gefährlich**
gefallen, er gefiel ihm
gegangen
gegen, gegeneinander, gegenseitig, gegenüber
geizig, der Geiz, der Geizhals
gelb
das Geld
gelingen
gemeinsam, die Gemeinsamkeit, die Gemeinschaft
das Gemüse
genau
genug
gerade
das **Gerät**, die Geräte
gern
das **Geschäft**, die Geschäfte, die Geschäftsfrau, der Geschäftsmann, geschäftstüchtig
geschehen, es **geschieht** es geschah, es ist geschehen
das **Geschenk**, die Geschenke, die Geschenkpackung
das **Geschirr**
das **Gesicht**, die Gesichter
gestern
gesund
das **Getreide**, die Getreidearten, das Getreidefeld
gewinnen
das Gewitter
gießen, du gießt, er **goß** wir haben **gegossen**, die Gießkanne, der Guß
er ging
glänzen
das Glas
glatt
glauben, gläubig, der Glaube
gleich
das **Glück**, der Glückwunsch, **glücklich**
glühen, die Glühbirne
das **Gold**, **golden**, goldig

Wörterverzeichnis 4. Schuljahr

graben, du gräbst, er grub,
wir haben gegraben,
der **Graben**
das Gras
gratulieren
grau
greifen, du greifst, er
griff, wir haben gegriffen,
der **Griff**
die **Grenze**, die Grenzen,
grenzenlos
groß
die **Grube**, die Gruben
grün
der **Grund**, die Gründe,
begründen, gründlich
die Gruppe
der Gruß, grüßen
der **Gummi**, die Gummis,
der Gummistiefel
die Gurke
gut

H, h

das Haar
haben, du hast
der **Haken**, die Haken,
das Häkchen
halb
die **Halle**, die Hallen,
das Hallenbad
der Hals
halten, er hielt
handeln, der Handel, der
Händler, die Händlerin,
die Handlung
hängen
hart
der Hase
häufig
die **Hauptstadt**
das Haus
die **Haut**
heben
das Heft
heim
die Heimat
heiß
heißen
heizen, heizbar,
der Heizkörper,
das Heizöl,
die **Heizung**
helfen
hell
das **Hemd**, die Hemden,
der Hemdknopf
herab, herauf, heraus
der Herbst
herein
der Herr
herrlich
herüber
herum, herumlaufen
herunter
hervor, hervorragend
das Herz
heulen
heute
hier
der Himmel
hinaus
hinein
hinter
die **Hitze**, hitzefrei
hocken, der Hocker,
hoffen, hoffentlich,
hoffnungslos,
die Hoffnung
höflich, die Höflichkeit
hohe
die **Höhe**, die Höhen,
der Höhepunkt, höher
hohl, die Höhle
holen
das Holz
hören
der Hort
die Hose
die **Hülle**, die Hüllen
die **Hülse**, die Hülsen,
die Hülsenfrucht

Unter den Mindestwörtern auf dieser Seite hat sich ein Tier versteckt. Finde es heraus.

Suche das Wort handeln. Schreibe die Wortfamilie ab. Unterstreiche den Wortstamm.

Schau dir die Wörter an: hohl, holen, Höhle. Gehören sie alle zu einer Wortfamilie?

hundert, hundertmal, hunderttausend, die Hundert
der **Hunger**, hungern, hungrig, die Hungersnot
hüpfen
die **Hütte**, die Hütten

I, i

ich
ihm, ihre
im
immer
ins
die **Insel**, die Inseln
irren, irrsinnig, irrtümlich, der Irrtum

J, j

ja
die Jacke
jagen, der Jäger
das Jahr
jammern, jämmerlich, jammerschade, der Jammer
jede
jemand
jetzt
die **Jugend**
der Juli
jung, der Junge
der Juni

K, k

der Kaffee
kahl
der **Kahn**, die Kähne
kalt
der Kamm, kämmen
die **Kammer**, die Kammern
der **Kampf, kämpfen**, der Kämpfer, die Kämpferin
der **Kanal**, die Kanäle, die Kanalisation
die Kanne
die Karte
die Kartoffel
die Kasse
der Kasten
die Katze
kaufen
kehren
der **Keks**, die Kekse
der Keller
kennen
der **Kern**, die Kerne, das Kernkraftwerk, kernig, kerngesund
der **Kessel**, die Kessel
die Kette
das Kind
kippen
die **Kirsche**, die Kirschen, der Kirschbaum
das **Kissen**, die Kissen
die **Klammer**, die Klammern, klammern, klammheimlich
die **Klappe**, die Klappen, klappen
klar, klären, die Klarheit, die Kläranlage
die Klasse
kleben, klebrig, der Kleber, der Klebstoff
der **Klee**, das Kleeblatt
das Kleid
klein
klemmen
klettern
klingen, du klingst, er klang, wir haben geklungen, der Klang
klopfen
klug, die Klugheit
knallen
knicken, der Knick
das **Knie**, die Knie
der **Knochen**, die Knochen, der Knöchel, knochig
der **Knopf**, die Knöpfe, das Knopfloch, knöpfen

die **Knospe**, die Knospen
knurren
kochen
der Koffer
kommen, er kam
können
der Konsum
der Kopf
der Korb
das **Korn**, die Körner, die Kornähre, die Kornblume, körnig
der **Körper**, die Körper,
kosten, die Kost, die Kostprobe, kostbar
der **Kran**, die Kräne
krank
der **Kranz**, die Kränze
das **Kraut**, die Kräuter
der Kreis
das **Kreuz**, die Kreuze
kriechen, du kriechst, er kroch, wir sind gekrochen
der **Krieg**
krumm, die Krümmung
die Küche
der Kuchen
die Kuh
kühl
kurz

L, l

lachen
das **Lager**, die Lager, das Lagerhaus, die Lagerung, lagern
die Lampe
das **Land**, die Länder, die Landkarte, die Landschaft, die Landstraße
lang, langsam
der **Lärm, lärmen**, der Lärmschutz
die **Latte**, die Latten, der Lattenzaun
das **Laub**, der Laubbaum, der Laubfrosch, die Laubsäge
laufen
laut
das **Leben**, leben
lecken
leer
legen
die **Lehne**, lehnen, der Lehnstuhl
lehren, die Lehre, der Lehrer, die Lehrerin, der Lehrling, das Lehrmädchen
leicht
leiden, du leidest, er **litt**, wir haben gelitten, das Leiden
leider
leise
die **Leiste**, die Leisten
leiten, der Leiter, die Leiterin, die Leitung
lenken, der Lenker, die Lenkerin, das Lenkrad
lernen
lesen, er liest
letzte
leuchten
die Leute
das Licht
lieben
das Lied
liegen
er ließ (lassen)
die **Linie**, die Linien, linieren
Linker, links
die **Liste**, die Listen
der **Liter**, die Liter
das Loch
locker, lockern
der Löffel
der **Lohn**, die Löhne,
lohnen
löschen, das Löschblatt

Schreibe alle Wörter mit ng und nk von dieser Seite auf. Trenne die Wörter in Silben.

Zerlege folgende Wörter in Silben: *die Lehrerin, die Leiterin, die Lenkerin.*

Finde alle zusammengesetzten Substantive auf dieser Seite. Schreibe sie mit dem bestimmten Artikel auf.

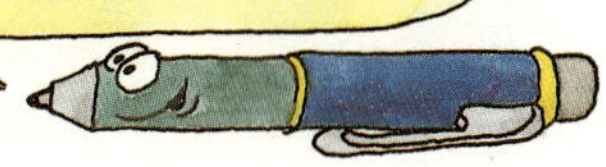

Wörterverzeichnis 4. Schuljahr

lösen
die **Lücke**, die Lücken
die **Luft**, die Lüfte,
der Luftballon,
die Luftpumpe, luftig
lügen, du lügst, er log,
wir haben gelogen,
die **Lüge**, der Lügner,
die Lügnerin
die Lust, lustig

M, m

machen
das Mädchen
mähen, der Mähdrescher
mahlen, die Mahlzeit
mahnen, die Mahnung
der Mai
malen
die Mama
manche(r, ...)
manchmal
der Mann
der Mantel
die **Mappe**, die Mappen
die **Margarine**
die Mark
die Marke
der **Markt**, die Märkte,
der Marktplatz

der März
die Maschine
das **Maß**, die Maße, der
Maßstab, mäßig, maßvoll
matt
der **Maurer**, mauern
das **Meer**, die Meere,
der Meeresstrand
das **Mehl**, mehlig
mehr
mein, meinen
(am) meisten
der **Meister**, die Meisterin,
die Meisterinnen, die
Meisterschaft, meistern,
meisterhaft, meisterlich
melden, die Meldung
die Menge
die Menschen
merken
messen, du mißt
das Messer
das **Metall**, die Metalle,
metallisch
mich
die **Miete**, die Mieten, der
Mieter, die Mieterin,
mieten
die Milch
mild, die Milde
mir
mit, **miteinander**

der **Mittag**, die Mittage,
am Mittag, eines Mittags,
heute mittag, **mittags**,
das Mittagessen
die Mitte
der Mittwoch
das **Möbel**, möblieren,
das Möbelgeschäft
er möchte
möglich, möglicherweise,
möglichst, die Möglichkeit
der **Monat**, die Monate,
monatelang, monatlich
der **Mond**, die Monde,
die Mondfinsternis,
die Mondlandefähre,
der Mondschein,
mondhell, mondsüchtig
der Montag
das **Moos**, die Moose,
moosig
der **Morgen**, die Morgen,
am Morgen, eines
Morgens, heute morgen,
morgens, **morgen**
der **Motor**, die Motoren,
das Motorboot,
die Motorsäge
müde
die **Mühe**, die Mühen,
mühelos, **mühen**,
mühsam

Wörterverzeichnis 4. Schuljahr

die **Mühle**, die Mühlen
die **Musik**, der Musikant,
die Musikantin,
das Musikinstrument,
die Musikkapelle,
musikalisch, musizieren
müssen
der **Mut**, **mutig**, mutlos
die **Mütze**

N, n

nach
nächste
die Nacht
die **Nähe**, nah, nähern,
nahezu
nähen, der Näher,
die Näherin,
die Nähmaschine,
die Nähnadel
nähren, die **Nahrung**,
das Nahrungsmittel,
nahrhaft
der Name
die Nase
naß, nasse
die **Natur**, der Naturschutz,
naturgetreu, natürlich
der **Nebel**, die Nebel, neblig
neben
nehmen, genommen
nein
nennen
das **Nest**, die Nester
das **Netz**, die Netze
neu
neugierig, die Neugier
neun, neunmal, neunzehn, neunzig, die Neun
nicht, nichts
nicken
nie, nie und nimmer
nieder, auf und nieder
niedrig
niemals
niemand
nirgends, nirgendwo
noch
die **Not**, die Nöte, der Notarzt,
die Notärztin, der Notfall,
die Notlandung
der November
nun
nur
die **Nuß**, die **Nüsse**,
der Nußknacker
nutzen, der Nutzen
nützen, **nützlich**

O, o

ob
oben
das **Obst**, der Obstbaum,
der Obstgarten
oder
offen
öffnen
oft
ohne
das Ohr
der Oktober
die Oma
der Onkel
der Opa
ordentlich
ordnen, die **Ordnung**
der Ort
Ostern, das Osterei,
das Osterfest, österlich

P, p

paar
das Paar
das **Päckchen**, packen
das **Paket**, die Pakete,
das Paketpapier
der Papa

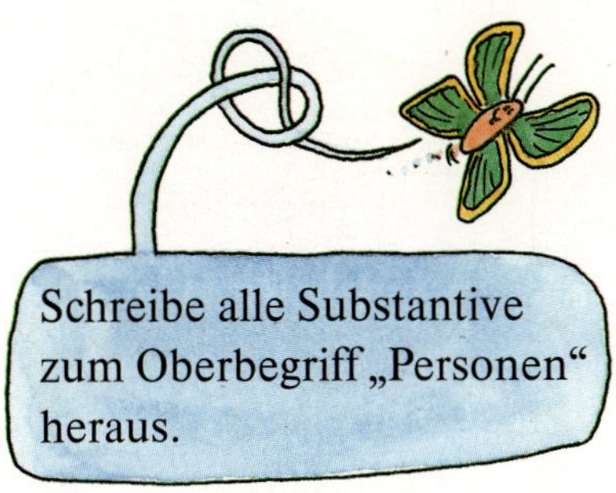

Wörterverzeichnis 4. Schuljahr

das Papier
die Pappe
der **Park**, die Parks,
die Parkanlage
passen, er paßt
die Pause
der **Pelz**, die Pelze, pelzig
pfeifen, du pfeifst, er **pfiff**,
wir haben gepfiffen
der **Pfennig**, die Pfennige (Pf)
das Pferd
pflanzen
die **Pflaume**, die Pflaumen,
das Pflaumenmus
pflegen
die **Pflicht**, die Pflichten,
das Pflichtgefühl
der **Pflug**, die Pflüge, **pflügen**
die Pfütze
der Pilz
der **Pinsel**, die Pinsel, pinseln
der Plan
die **Platte**, platt,
der Plattenspieler
der Platz
plötzlich
die Post
der **Preis**, die Preise,
das Preisausschreiben,
preiswert
die **Presse, pressen**, er **preßt**
die **Probe**, die Proben, **proben**,
probieren
prüfen, die **Prüfung**
der **Pudding**, die Puddings,
das Puddingpulver
der Punkt, pünktlich
die Puppe
putzen

Q, q

quälen, die Qual, der
Quälgeist, qualvoll
der Quark
die Quelle
quer

R, r

das Rad
der **Rahmen**, die Rahmen,
einrahmen
der **Rand**, die Ränder
rasch
rasen, rasend, die Raserei
raten, du rätst, er riet,
wir haben geraten, ratlos,
ratsam, der **Rat**, das
Rathaus, der Ratschlag
rauh, der Rauhreif
der Raum, die Räume,
räumen
rauschen
rechnen
rechte, rechts
reden, die Rede,
die Rederei, der Redner,
die Rednerin
der Regen, regnen
das Reh
reich, reichlich, der Reiche,
die Reiche, der Reichtum
reichen
reif
der **Reifen**, die Reifen
die Reihe
rein
die Reise, reisen
reiten, du reitest, er **ritt**,
wir sind geritten,
der Reiter, die Reiterin
rennen
der **Rest**, die Reste, restlos
retten, der Retter,
die Retterin, die Rettung
richtig
riechen, du riechst,
er roch, wir haben
gerochen
das **Rind**, die Rinder,
das Rindvieh

Schreibe alle Wörter mit ch von dieser Seite heraus.

reisen, reißen
Erkläre die unterschiedliche Schreibweise, und finde die passenden Substantive.

Lies die Wörter mit Q, q. Kennst du noch weitere Wörter? Schreibe sie auf.

ringen, du ringst, er rang,
wir haben gerungen,
der Ringkampf
der Riß, reißen, er riß
der Rock
rodeln, die Rodelbahn,
der Rodelschlitten
roh, die Roheit,
der Rohstoff
rollen
der **Rost, rosten**, rostig
rot
der Rücken
rücken, der Ruck
rufen
die **Ruhe, ruhen, ruhig**
rühren, rührend,
die Rührung
rund
rutschen, die Rutsche,
rutschig

S, s

der **Saal**, die Säle
die Saat, **säen**
die Sache, die Sachen
der **Sack**, die Säcke,
die Sackgasse
der **Salat**, die Salate
das Salz
der **Samen**, die Samen,
das Samenkorn
sammeln
der Sand
satt
der Satz
sauber
sauer, säuerlich
saugen
die **Schachtel**, die Schachteln
der **Schaden**, die Schäden
der Schädling, **schädlich**
das Schaf
schaffen
der Schal
die **Schale**, die Schalen
schälen
der **Schall**, die Schallplatte,
schallen
schämen, die Scham
scharf, schärfen,
die Schärfe
der **Schatten**, die Schatten,
die Schattenseite, schattig
schauen
die **Schaukel**, die Schaukeln,
das Schaukelpferd,
schaukeln
die **Scheibe**, die Scheiben,
der Scheibenwischer
scheinen, sie schien
schenken
die Schere
scheu, scheuen, die Scheu
der **Schi** (auch: Ski),
die Schier, Schi fahren
die **Schicht**, die Schichten,
schichten
schicken
schieben
schief
die **Schiene**, die Schienen,
schienen
schießen, du schießt,
er **schoß**, wir haben
geschossen,
der Schießstand
das Schiff
das **Schild**, die Schilder,
der Schildermaler
schlafen, er schlief
schlagen
schlecht
schleichen, du schleichst,
er schlich, wir sind
geschlichen
die **Schleife**, die Schleifen
schließen, du schließt,
er **schloß**, wir haben
geschlossen
schlimm
der Schlitten
das **Schloß**, die **Schlösser**
schlucken, der Schluck,
der Schluckauf

der **Schluß**, die Schlüsse
der Schlüssel
schmal
schmecken
schmelzen, es schmilzt, es schmolz, es ist geschmolzen, der Schmelz
der **Schmerz**, die Schmerzen, schmerzhaft, schmerzlich, schmerzstillend, **schmerzen**
schmieren, schmierig, die Schmiererei, das Schmieröl
schmücken
der Schmutz, schmutzig
der Schnee
schneiden, er schnitt
schneien
schnell
die **Schnur**, die Schnüre, der Schnürsenkel, **schnüren**, schnurgerade
schon
schön
schonen, schonungslos, die Schonung, die Schonzeit
schräg, die Schräge
der Schrank
der **Schreck, schrecken, erschrecken**
schreiben, er schrieb
schreien, er schrie
die Schrift
der **Schritt**, die Schritte, schrittweise
die **Schuld**, es ist meine Schuld, er hat schuld, **schuldig**
die Schule
die Schürze
der **Schuß**, die **Schüsse**
schütteln
schütten
der Schutz, **schützen**
der Schwanz
schwarz
das Schwein
schwer
die Schwester
schwierig
schwimmen
schwitzen, die Schwitzkur
sechs, sechsmal, **sechzehn**, **sechzig**, die Sechs
der See
sehen
sehr
die Seife
das Seil
sein, ich bin, ich war, du warst, ihr wart, ich bin gewesen
seit
die Seite
selber, selbst
selten, seltsam, die Seltenheit
senden
senken
der **Sessel**, die Sessel, der Sessellift
setzen, er saß, wir haben gesessen
sich
sicher
die **Sicht**, sichtbar, sichten
sie
sieben, siebenhundert, siebenmal, **siebzehn**, **siebzig**
siegen, siegessicher, siegreich, der Sieg, der **Sieger**, die Siegerin
das **Silber**, **silbern**
singen
sinken, du sinkst, er sank, wir sind gesunken
so
sogar
der **Sohn**, die Söhne
solche
sollen

Notiere Wörter von dieser Seite unter folgenden Besonderheiten:
lz: schmelzen, ...
rz: Schmerz, ...
tz: Schmutz, ...

Finde alle Wörter mit einem Umlaut, und trage sie in die Tabelle ein.

ä	ö	ü

Schreibe alle Numeralien (Zahlwörter) von dieser Seite auf.

Wörterverzeichnis 4. Schuljahr

der Sommer
sondern
der Sonnabend
die Sonne
der Sonntag
sonst, sonstige
sorgen
spalten
spannen, spannend
sparen
der **Spaß**, die Späße, spaßen, spaßig
spät
spazieren
sperren
der **Spiegel**, die Spiegel, spiegeln
das Spiel, er spielt
spitz
der **Sport**, der **Sportler**, die Sportlerin, der Sportplatz, sportlich
spotten, spöttisch, der Spott
sprechen
sprengen, der Sprengstoff
springen
spritzen
sprühen, die Sprühdose

die **Spur**, die Spuren, spurlos
spüren, spürbar, der Spürhund
der **Staat**, die Staaten, der Staatsbürger, die Staatsbürgerin, staatlich
der **Stab**, die Stäbe
das **Stadion** (Sportanlage), die Stadien
die Stadt
der Stall
der Stamm
stark
der **Start**, die Starts, startbereit, **starten**
der **Staub**, das Staubtuch, stauben, **staubig**
staunen
stechen
stecken
stehen
stehlen, du stiehlst, er **stiehlt**, er stahl, wir haben gestohlen
steigen, die Steigung, er stieg
steil, der Steilhang
der Stein
die Stelle, stellen
der **Stempel**, die Stempel, **stempeln**

der Stern
stets
der **Stich**, die Stiche, das Stichwort, sticheln
sticken, die Stickerei
der Stiel
der Stift
still
die **Stimme**, die Stimmen, die Stimmung,
stimmen
der Stock
der **Stoff**, die Stoffe, das Stofftier
stolpern
stolz, stolzieren, der Stolz
stopfen, die Stopfnadel
stören, die Störung
stoßen, er stieß
die **Strafe**, die Strafen
strafen, sträflich
die Straße
der **Strauch**, die Sträucher
der **Strauß**, die Sträuße
die **Strecke, strecken**
streichen, er **strich**
der **Streit**, die Streiterei, **streiten**, du streitest, er **stritt**, wir haben gestritten, streitsüchtig

Trenne alle Wörter mit einem doppelten Mitlaut (Konsonant) von dieser Seite.

Welche Stichwörter stehen allein auf dieser Seite? Welche Wörter könnten hinzugefügt werden?

Suche drei Wörter heraus, die mit ihrer Wortfamilie im Wörterverzeichnis stehen. Schreibe sie heraus.

streuen
der **Strich**, die Striche,
stricheln
stricken, die Stricknadel
das **Stroh**, der Strohhalm
der **Strom**, die Ströme,
die Strömung, strömen,
der elektrische Strom
der **Strumpf**, die Strümpfe,
die Strumpfhose
die **Stube**, die Stuben
das Stück
der Stuhl
stumpf, stumpfsinnig
die Stunde
der **Sturm**, die Stürme,
stürmen, stürmisch
stürzen, der Sturz,
der Sturzhelm
stützen, die Stütze,
der Stützpunkt
suchen
die Suppe
süß
der September

T, t

die Tafel
das **Tal**, die Täler, die Talsperre
talabwärts
die Tante
tanzen
tapfer, die Tapferkeit
die Tasche
die Tasse
die **Tat**, die Taten, der Täter
die Täterin, die Tätigkeit,
tatkräftig, tätig
tauchen, der Taucher,
die Taucherin
taugen, tauglich
tauschen, der Tausch
tausend, tausendfach,
tausendmal, der Tausender
der Tee
der **Teer**, die Teerpappe,
teeren
der **Teich**, die Teiche
der Teil (das Teil), teilen
das **Telefon**, die Telefone,
die Telefonzelle,
telefonieren, telefonisch
der Teller
der **Teppich**, die Teppiche

teuer, die Teuerung
der **Text**, die Texte
tief
das Tier
der Tisch
die **Tochter**, die Töchter
der Topf
tot, töten, totenstill,
totlachen, der Tote,
die Tote, die Tötung
tragen
trauen
der **Traum**, die Träume,
träumen, traumhaft,
traurig, trauern,
die Trauer, die Traurigkeit
treffen
trennen, die Trennung
die Treppe
treten, er **tritt**
trinken
trocken
tropfen, der **Tropfen**
tropfnaß
trotz des Regens
trotzdem
trotzen, trotzig, der Trotz
trüb (trübe), trüben,
trübselig, die Trübung
das Tuch

Finde acht zusammengesetzte Substantive auf dieser Seite. Schreibe sie auf, und zerlege sie in ihre Bestandteile.
Schreibe so: *die Stricknadel, der Strick, die Nadel*
der Strohhalm, ...

Ordne folgende Wörter nach dem Alphabet: *trotzig, Tier, Tee, Teller, Täler, trauern, tausend, tapfer.*
Kontrolliere mit dem Wörterverzeichnis.

tüchtig
tun
die Tür
der **Turm**, die Türme,
turmhoch
turnen
die Tüte

U, u

üben
über
überall
überraschen, überraschend,
die Überraschung
übrig, übrigbleiben,
übriglassen
die **Uhr**, die Uhren, die Uhrzeit
um
umher, umherlaufen
und
der **Unfall**, die Unfälle,
die Unfallstation
ungefähr
das **Unglück**, unglücklich
uns
unter
der **Unterricht**, unterrichten,
die Unterrichtsstunde
unterscheiden,
die Unterscheidung,
unterschiedlich,
der **Unterschied**
der **Urlaub**

V, v

die **Vase**, die Vasen
der Vater
verbieten, du verbietest,
er verbot,
wir haben verboten
vergessen, er vergaß,
vergiß
der Verkehr
verletzen, die Verletzung
verlieren, du hast verloren
verraten
verreisen
versäumen,
das Versäumnis
verteidigen,
die Verteidigung
verwechseln,
die Verwechslung
verzeihen, verzeihlich,
die Verzeihung, er **verzieh**
das **Vieh**, die Viehherde,
die Viehzucht
viel
vielleicht
vier, viereckig, viermal,
vierzehn, **vierzig**, die Vier
der Vogel
das **Volk**, die Völker, der
Volkstanz, volkstümlich
voll
vom
von
vor
voran, voraus, vorbei
das **Vorderrad**
vorher
vorige Woche
vorn
die **Vorsicht**, **vorsichtig**,
vorsichtshalber
vorüber

Wörterverzeichnis 4. Schuljahr

W, w

die **Waage**, die Waagen
wach, wachen, wachsam, die Wacht, die Wache
wachsen, das Wachstum
die **Waffel**, die Waffeln
der Wagen
die Wahl, wählen
während, währenddessen
die Wahrheit
der Wald
die Wand
wandern
wann
die Wanne
warm
warten
was
waschen
das Wasser
wechseln, der Wechsel, das Wechselgeld
wecken
wegen
wegnehmen
wegwerfen
weh
wehen
wehren, wehrlos
weich
das Weihnachten
weil
weinen
weisen, du weist, er wies, der Hinweis
weiß (Farbe)
weit
welcher
die **Welle**, die Wellen, das Wellblech
die **Welt**, das Weltall, der Weltmeister
wem
wen
wenden, du wendest, er wandte/wendete, wir haben gewendet, die Wendung
wenig
wenn
wer
werden
werfen
das Werk
wessen
die **Wette, wetten**, der Wettbewerb, der Wettkampf
das Wetter
wichtig, die Wichtigkeit
wider (gegen), widerlegen, widerlich, widerspenstig, widersprechen, widerwillig, der Widerhaken, der Widerstand
wie
wieder
wiegen, du wiegst, er wog, wir haben gewogen
die Wiese
wild, die Wildnis
der Wind
der Winter
wir
wirken, wirksam, die Wirkung
wirklich, die Wirklichkeit
wischen
wissen, ich wußte
wo
die Woche
wohl, wohlauf, wohlgemeint, das Wohl, die Wohltat
wohnen, die Wohnung
die Wolke
die Wolle
wollen
das Wort
wünschen
der **Würfel**, die Würfel
würfeln

Erläutere die unterschiedliche Schreibweise, benutze weitere Beispiele: *wider*, *wieder*.
Schreibe je zwei Sätze zu diesen Wörtern auf.

Schreibe folgende Verbformen in der 3. Person Mehrzahl (Plural) im Perfekt auf:
waschen, wir haben gewaschen
weinen, ...
wenden,
wiegen
wirken,
würfeln,
wissen,

die **Wurst**, die Würste
die **Wurzel**, die Wurzeln
die **Wut**, wüten, **wütend**

X, x

–

Y, y

Z, z

zäh
die Zahl
zanken, zänkisch, der Zank
zaubern, die Zauberer
zehn, zehnfach, zehnmal, zehntausend, die Zehn
das **Zeichen**, die Zeichen, der Zeichenblock
zeichnen
zeigen
die Zeit
die Zeitung
das **Zelt**, die Zelte, zelten
ziehen, er zog
das Ziel, zielen
zierlich, zieren
das Zimmer
der **Zirkel**, die Zirkel
zischen
zittern, zittrig
der Zoo
zu
der Zucker
zuerst
der Zug
zuletzt
zurück
zusammen
zwanzig, zwanzigfach, zwanzigmal, die Zwanzig
zwar
der **Zweck**, die Zwecke, zwecklos, zweckmäßig
zwei
der **Zweig**, die Zweige
zwingen, du zwingst, er zwang, wir haben gezwungen, zwingend, die Zwinge, der Zwinger
zischen
zwölf, zwölffach, zwölfmal, zwölftens, die Zwölf

Quellenhinweise

S. 6 Grafik von Hermann Altenburger. Aus: Unsere neue Welt - Zur Sache 4. Klett, Stuttgart 1979. **S. 9** Jochen Krüger: Dorf und Stadt. Aus: Unser Liederbuch Schalmei. Klett, Stuttgart 1980, © beim Autor. **S. 11** Die Geisterbrücke. Aus: Spreche und schreibe ich richtig? 4. Schulj. Klett, Stuttgart 1967. **S. 18** Caspar David Friedrich: Der einsame Baum. Nationalgalerie Staatliche Museen Preußischer Kulturbesitz, Berlin. **S. 20** Frosch u.l.v.o.: Dr. Hellmut Länge, Stuttgart; 2.v.o.: H. Pfletschinger, Reichenbach/Fils; 3. u. 4.v.o.: E. Kuch, Hohebach/Jagst, aus: Wege in die Biologie I. Klett, Stuttgart 1983. Aus: Das Leben 1/2. Klett, Stuttgart 1975. Aus: Unsere neue Welt, 4. Schj. Klett, Stuttgart 1968. **S. 21** e.o. plauen: Vater hat geholfen. Aus: e.o. plauen, Vater und Sohn. © Südverlag GmbH, Konstanz 1982. Mit Genehmigung der Gesellschaft für Verlagswerte GmbH, Kreuzlingen/Schweiz. **S. 22** e.o. plauen: Die Ostereier bringt der Osterhase. Aus: e.o. plauen, Vater und Sohn. A. a. O. **S. 23** nach Erich Kästner: Emil und die Detektive. Atrium, Zürich 1938. Buchtitel: Emil und die Detektive © Atrium-Verlag, Zürich. **S. 26** e.o. plauen: Der gelöschte Vater. Aus: e.o. plauen, Vater und Sohn. A. a. O. **S. 33** Fotos: W. Gorski, H. Schenk, K. Seyfang. Aus: Unsere neue Welt - Zur Sache 2. Klett, Stuttgart 1979. **S. 34** Plakat rechts: Dietrich Phillipps. **S. 35** Erich Heiligenbrunner: Das merkwürdige Spiegelbild. Aus: Zirkus für alle. Hrsg.: Rudolf Nykrin. Aus der Reihe: Vorhang auf für Musik und Spiel. Ernst Klett Verlage, Stuttgart 1985. **S. 44** Rätsel: Volksgut. **S. 49** Bastelarbeiten von Pamela Hornung. **S. 51** Abbildung von Hermine Schäfer. Aus: Unsere neue Welt, 4. Schj. A. a. O. **S. 53** In der Werkstatt und in der Fabrik. Aus: Spreche und schreibe ich richtig? 4. Schulj. A. a. O. **S. 77** Peter Charlot: Kirschkuchen. Aus: P. Charlot, Kurzschluß. Wir spielen Blitzwitze. Eduard Bloch Verlag, Darmstadt o.J. **S. 93** Hans Georg Lenzen: Streitereien. Aus: H. G. Lenzen. Hasen hoppeln über Roggenstoppeln. Bertelsmann, Gütersloh 1972. **S. 96** J. W. v. Goethe: Die Frösche. Aus: Gedenkausgabe der Werke, Briefe und Gespräche. Artemis, Zürich 1950. **S. 106** James Krüss: Das Feuer. Aus: J. Krüss, Der wohltemperierte Leierkasten. Mohn, Gütersloh o.J.; Abb. aus Fidibus - kleines deutsches Wörterbuch 1/2, Klett, Stuttgart 1981. **S. 113** Mira Lobe: Hier kannst du reimen (Titel des Originals: Da fehlt etwas). Aus: Hans Domenego u.a., Das Sprachbastelbuch. Jugend und Volk, Wien 1975. Anton Krilla: Leider war das L unausgeschlafen. Aus: abcd-Buchstabengeschichten. Rowohlt, Reinbek 1972.

Alle übrigen Texte in „Der neue Sprachfuchs", Ausgabe Sachsen, 4. Schuljahr, sind Originalbeiträge.